Karl-Otto Behrendt

Der kurze Bericht über eine lange Zeit

Kriegsgefangenschaft 1945 – 1953

Karl-Otto Behrendt hat den Bericht und die Darstellungen seiner Gefangenschaft 1954 seiner Frau Ursula (1927 – 2013) gewidmet.

Karl-Otto Behrendt

Der kurze Bericht über eine lange Zeit

Kriegsgefangenschaft 1945 – 1953

herausgegeben und kommentiert von

Hans-Günter Behrendt

2021

Carola Hartmann Miles-Verlag

Bibliografische Information der Deutschen Nationalbibliothek
Die Deutsche Nationalbibliothek verzeichnet diese Publikation in der Deutschen Nationalbibliografie; detaillierte bibliografische Daten sind im Internet über www.dnb.de abrufbar.

www.miles-verlag.jimdo.com
email: miles-verlag@t-online.de

Herstellung: Books on Demand, Norderstedt

Umschlagbilder: vorn: Bundesstiftung Aufarbeitung, Perm 36;
innen: 10-Pfennig Sondermarke DBP;
Foto KOB, 1963;
hinten: Lagertor Borowitschi; Zeichnung KOB;

Printed in Germany

ISBN 978-3-96776-024-8

Inhalt

Einführung

Karl-Otto Behrendt ist am 23. Juni 1915 als Sohn des Bergassessors Paul Behrendt in Hannover geboren.
Nach dem Abitur wurde er am 4. April 1934 als Fahnenjunker-Jäger Soldat in der 9. Kompanie des Jägerbataillon Infanterieregiment 15 in Kassel; 1936 erhielt er sein Offizierspatent. Er war als „berittener Infanterist" ausgebildet und hatte in den folgenden Jahren mehrere Führungsverwendungen in der Truppe. 1941 nahm er als Kommandeur II. Infanterieregiment 163 am Einmarsch in Russland teil. Nach einem achtmonatigen Lazarettaufenthalt 1942 war er Taktiklehrer und Schießlehrer. Er absolvierte 1944 den 14. Generalstabslehrgang an der Kriegsakademie Hirschberg; als Major i.G. kam er anschließend zur Sicherungsdivision 201 Kurland. Im Januar 1945 wurde er als „Ia" (heutige Bezeichnung: Chef des Stabes) in die Division z.b.V. 300 Kurland versetzt, die als geschlossener Verband am 9. Mai 1945 kapitulierte und mit der er in Gefangenschaft ging.

Bereits kurz nach der Rückkehr aus russischer Kriegsgefangenschaft hat er begonnen, über diese Zeit zu berichten. Daraus entstand der vorliegende Text „Der kurze Bericht über eine lange Zeit", den er zum 1. Januar 1954 fertigstellte, letztmalig 1981 überarbeitete und dem er ein Nachwort anfügte. Seine zahlreichen Erlebnisse und Erfahrungen beschrieb er bis 1985 zusätzlich in Form von „Episoden", zusammengefasst in einem Manuskript mit dem Titel „Russisch-deutsches Kaleidoskop". Beide Manuskripte sind die Grundlage des Buches.

Die Originaltexte wurden unverändert übernommen, lediglich die Namen Dritter, außer von Personen der Zeitgeschichte, wurden durch Abkürzung anonymisiert. Der letzte Abschnitt des Berichts, das Nachwort und die späteren Ergänzungen wurden an Stellen gekürzt, die besondere, ausschließlich familiäre und persönliche Aussagen betreffen. Um den Charakter der Manuskripte zu erhalten, wurde das Schriftbild der mit Schreibmaschine und linksbündig geschriebenen Texte übernommen. Die gekennzeichneten Textfelder mit Hintergrundinformationen aus heutiger Sicht sind bei der jetzigen Bearbeitung des Manuskripts eingefügt worden, ebenso ergänzende Bilder. Das Manuskript des „Kaleidoskops" enthält Texte zu 39, meist ausführlich beschriebenen Themen. Auch um Wiederholungen und Doppelungen zu vermeiden, konnte daher im zweiten Teil nur eine gekürzte Auswahl redaktionell bearbeitet und in einem anderen Schriftbild übernommen werden.

Erster Teil

Der kurze Bericht über eine lange Zeit

Mordwinien, Lager

Am 8. Mai 1945 geriet ich mit meinem letzten Truppenteil, dem Stab der Division z.b.V. 300, der ehemaligen 13. Luftwaffenfelddivision*, deren Ia als Major i.G. ich war, im Zuge der Kapitulation der Heeresgruppe Kurland in sowjetische Kriegsgefangenschaft.

Unter russischer Bewachung wurden wir in den darauffolgenden 6 Tagen nach Süden in die Gegend Mitau, in den Ort Livbärze, geführt; dort trennte man die Stabsoffiziere von den Mannschaften und den „Subalternoffizieren“, das sind nach russischen Begriffen alle Offiziere bis zum Hauptmann einschließlich. In Riga-Schlock versammelte man in einem Schulgebäude im Laufe der nächsten Wochen fast alle Stabsoffiziere der Heeresgruppe Kurland. Diese Offiziere blieben in der Masse in den folgenden 5 Jahren, einige fast ein ganzes Jahrzehnt beieinander.

Vereinzelt setzten schon hier Vernehmungen ein. Ich blieb unbehelligt. Mitte Juni wurden wir alle, insgesamt etwa 600 Stabsoffiziere, in einen unverschlossenen Transportzug verladen und durch

---

* Divisions- oder andere Stäbe, die die Masse ihrer Truppenteile in Kämpfen verloren hatten, erhielten, um sie zu erkennen, „z.b.V.“-Zusätze. Der DivStab z.b.V. 300 war der Stab der unglücklichen, zerschlagenen 13. Luftwaffen-Felddivision, eine dieser Göringschen Verrücktheits-Formationen, die bar jeder Sachkenntnis in die schweren Schlachten geschickt wurden und dabei zugrunde gingen. Übrig blieben Stäbe und Versorgungstruppen. Diesen Stäben wurden Truppenteile anderer, zersprengter Verbände unterstellt, die oft nicht besser waren.

Westrußland, westlich an Moskau vorbei, nach Mordwinien, einer autonomen Sowjetrepublik südostwärts Moskau gefahren. Unterwegs gab es Diffrenzen zwischen sowjetischen Soldaten einer Moskauer Offizierschule, deren Transportzug unserem Zug begegnete, und unseren Bewachern. Die Auseinandersetzungen endeten mit einigen leichten Verletzungen, entwendeten Stiefeln und mit Ohrfeigen, die unser Transportleiter, ein sowjetischer Leutnant, von einem seiner sowjetischen Kameraden, einem „Held der Nation“, bezog. Mag sein, dass dieser Großtransport, in dem deutsche Offiziere mit Orden und Ehrenzeichen in den offenen Waggontüren saßen, allzu aufreizend auf die sowjetischen Soldaten gewirkt hatte.

Nach dreitägiger Fahrt gelangten wir nach Mordwinien in das Lager 58/1, das genannte Zentrallager (MOLOTSCNITZNA, Temnikow), in dem ich bis zum Januar 1947 blieb. Dieses Lager liegt inmitten eines ausgedehnten Wald- und Sumpfgebietes, dessen einziger Zugang eine eingleisige Bahnlinie bildet. Dieses Gebiet war schon zur Zarenzeit der Raum, in dem die Verbrecher und politischen Widersacher zusammengezogen und isoliert waren. Die dort wohnende Zivilbevölkerung wird von den Sowjets nicht geschätzt, da sie sich bemüht, ihre landsmannschaftliche Eigenständigkeit zu wahren. Sie ist finnisch-ugrischen Stammes, und den Russen war es unmöglich, sich mit ihnen vernünftig und in deren Muttersprache zu unterhalten.

Unser Transport traf in diesem Zentrallager auf etwa 120 deutsche und nichtdeutsche Kriegsgefangene aller mit dem Reich verbündeten Nationen, die bereits seit Jahren in dieser trostlosen Gegend hausten. Die meisten "Altgefangenen" waren krank und zum großen Teil entsetzlich heruntergekommen. Sie befanden sich in einem unbeschreiblichen Ernährungs- und Bekleidungszustand. Von diesen bedauernswerten Geschöpfen starben täglich einige. Ich erhielt in die gesundheitlichen

Verhältnisse einen guten Einblick, weil ich seit Juni 1945 in der Zahnstation des Lagers tätig war mit der Absicht, Zahnarzt zu werden. Ich arbeitete als „Famulus" des als Zahnarzt eingesetzten Oberst Dr. F. aus Nürnberg.

Die Lagerinsassen wurden von einer Gruppe sowjethöriger Aktivisten terrorisiert und hatten es sich abgewöhnt, gegen diesen Zustand Widerstand zu leisten. Mit Eintreffen unseres Kontingents änderte sich dieses Bild. Trotzdem begegneten uns die Altgefangenen mit Skepsis, andere leisteten, wie wir leider bald feststellen mussten, dem sowjetischen Lagerkommissar Spitzeldienste.

Das Lageraktiv

Die sowjetischen Behörden hatten seit 1941 ein besonderes Interesse, unter den in ihren Gewahrsam gelangten Kriegsgefangenen weltanschauliche Verbündete zu finden. Zu diesem Zweck wurden Organisationen wie das „Nationalkomitee Freies Deutschland" und der „Bund Deutscher Offiziere" gegründet, in denen neben Kommunisten auch mehrere, teilweise hochrangige Offiziere der Wehrmacht aktiv waren und die bis Kriegsende 1945 bestanden. Der Versuch, Kriegsgefangene für die Sache der Sowjetunion zu gewinnen, wurde in der Folge von "antifaschistischen Lageraktiven" fortgesetzt, die eng mit der jeweiligen sowjetischen Lagerleitung kooperierten. Die führenden Angehörigen eines Aktivs hatten oft vor ihrem Einsatz in einem anderen Kriegsgefangenenlager oder auch in Krasnogorsk bei Moskau eine sozialistische Schulung durchlaufen. Der Personalgutachterausschuss hat später in Einzelfällen bei der Überprüfung von Bewerbern für die Einstellung in die Bundeswehr eine Mitarbeit in einem Aktiv als „unehrenhaftes Verhalten als Wehrmachtssoldat in sowjetischer Gefangenschaft" bewertet. [Lit. [4]]

Zunächst begannen wir Stabsoffiziere, in deren Reihen sich unter den Reserveoffizieren sehr viele und erfahrene Lehrkräfte aus Schulen und Hochschulen befanden, eine „Volkshochschule" aufzuziehen, an der sich einige der wieder zu uns gestoßenen Subalternoffiziere sowie viele Altgefangene beteiligten. Diese Arbeit wurde jedoch bald beendet, da der Russe im Herbst die Volkshochschule, in der sich auch jüngere Soldaten auf das Abitur vorbereiteten, auflöste. Wir wurden zu sogenanntem „freiwilligen Arbeitseinsatz" eingesetzt, in erster Linie zum Bergen der Ernte. Der Russe verfuhr dabei nach dem sozialistischen Grundsatz: "Wer nicht arbeitet, soll auch nicht essen". Gleichzeitig hämmerte er uns ein, dass nur ein freiwilliger Arbeitseinsatz unsere wirkliche Bereitschaft für den Frieden dokumentieren könne. Er forderte von uns eine Erklärung, dass wir die „lagererhaltenden Arbeiten" freiwillig leisteten. Wir haben in der Masse diese Erklärung bedenkenlos unterschrieben. Die Freiwilligkeit wurde bald zur Daumenschraube.

In der Folgezeit nützte der Russe die einmal abgegebene freiwillige Arbeitserklärung in übelster Weise aus und erweiterte sie terroristisch auf „lagererhaltende Arbeiten", in die er auch Produktionsbetriebe einbezog. Außerdem trugen wir unentwegt Holz. Ganze Wälder wurden von uns auf den Schultern in monatelanger Arbeit aus dem Sumpfgebiet des Urwaldes an das Bahngleis zur Verladung geschleppt, Schnittholz ebenso wie 10 bis 15 Meter lange, gewaltige Kiefern.

Die Verpflegung war insgesamt sehr schlecht. Uns Stabsoffizieren ging es zwar etwas besser, da wir einen gewissen Teil der sogenannten Edelprodukte, d.h. eine geringe Menge Butter, Fett oder Fisch in abgewogenen Portionen „auf die Hand" bekamen. Hierbei konnte auch seitens der deutschen oder russischen Stelle wenig betrogen werden. Bald aber wurden auch diese Zuteilungen unregelmäßig, die Edelprodukte wurden durch eine „äquivalente" Menge Sauerkohl oder Kartoffeln ersetzt.

Auch die warme Verpflegung war unter aller Menschenwürde. Oft wurden erfrorene, faule oder kaum als Viehfutter verwendbare Produkte in die Kessel geworfen. Lediglich die untergekochten, von den Russen traditionsgemäß verschmähten Innereien enthielten, so ekelhaft sie oft aussahen, ausreichend Nährstoffe.

Die Folgen dieser mangelhaften Ernährung zeigten sich vor altem bei älteren und schwächeren Kameraden, die sich auf diese eigenartige Kost nicht umstellen konnten. Sie erkrankten als deren Folge meist schwer an „Dystrophie", wie man diesen Zustand mit wohlklingendem Ausdruck bezeichnete. Die normale Kennzeichnung für diese Art „Krankheit" lautet „Hungertyphus" oder „Auszehrung". Aber - was war, was ist in diesem Lande „normal"??

Die ärztliche Betreuung war unzureichend. Den deutschen Ärzten wurden die Hände gebunden, da man ihnen nicht die Gelegenheit gab zu praktizieren. Die russischen Ärzte und Sanitätsdienstgrade entsprachen weder in ihren Kenntnissen noch in der Handhabung des Berufsethos eines Arztes den üblichen Minimalanforderungen. Eine gewisse Absicht, die deutschen Kriegsgefangenen in diesen ersten Jahren, in denen die Kontrollen noch nicht funktionierten, und man sich über die tatsächliche Zahl der Kriegsgefangenen weder im Klaren war noch glaubte, Rechenschaft ablegen zu müssen, gesundheitlich zu ruinieren, ist nicht ausgeschlossen. Geringen Ausnahmen ärztlicher Fürsorge wird jeder Kriegsgefangene gern ein Denkmal setzen.

Deutsche Kriegsgefangene in der Sowjetunion

Auch nach Öffnung mehrerer Archive in der Sowjetunion und ihren Nachfolgestaaten schwanken die Angaben über die Zahl der deutschen Kriegsgefangenen und sonstigen Internierten. Zwischen 1941 und 1956 sind mindestens 2,3 bis 2,8 Millionen, nach anderen Angaben bis zu 3,2 Millionen Angehörige der Wehrmacht und Zivilbürger in Lagern, Gefängnissen oder Arbeitsbataillonen registriert und gefangen gehalten worden. Ihr Status, ihre Behandlung, Unterbringung und Versorgung sowie ihre Rechte und Pflichten waren am 1. Juli 1941 kurz nach dem Angriff auf die Sowjetunion am 21. Juni 1941 durch den Rat der Volkskommissare der UdSSR in der Verordnung „Über die Kriegsgefangenen" festgelegt worden. Die Regelungen waren zwar der Haager Landkriegsordnung von 1907 und ihrer Neufassung von 1929 angenähert, die sowjetische Führung hatte die Neufassung jedoch nicht ratifiziert und weigerte sich in den folgenden Jahren beharrlich, ihre Kriegsgefangenenpolitik international zu thematisieren oder Kontrollen der Lager zuzulassen. [Lit. [3] S. 4 ff.; [6]]

Die Unterkünfte, Holzbaracken, waren überaltert, übelriechend und zugig. Das Lager hatte schon im Ersten Weltkrieg bestanden. Wasserknappheit herrschte im Sommer. Den Boden des Lagers bedeckte eine dünne Abfalldreck- und Schlammschicht, die im Sommer knochenhart war, aber bei Regen sich in weichen, teerigen Brei verwandelte. Nach zwei Spatenstichen stieß man in dem Lager auf Wasser. Die Küchenanlagen waren vorsintflutlich. Erst später wurden sie verbessert, nicht aber die dort hergestellten Mahlzeiten. Die in den Schlüsselstellen sitzenden deportierten Juden, internierte Ausländer, Auslandsdeutsche, oft auch Verbrecher und Verräter, kurz das ganze „antifaschistische Aktiv", verteilten die Lebensmittel nach eigenem Gutdünken und schoben sich die beste, sogenannte Lazarettkost zu. Persönlich sicherten sie sich durch eine bestverköstigte, allen im Lager physisch überlegene Schlägertruppe.

Im Januar 1947 wurde die Masse der Kriegsgefangenen des Lagers 58, unter anderem sämtliche Stabsoffiziere sowohl des Haupt- als auch des Nebenlagers, in den Bereich Leningrad transportiert, in die nähere Umgebung der Stadt Borowitschi, Nowgoroder Bezirk. Der Transport dorthin in grimmigster Kälte dauerte mehr als vier Tage und war unmenschlich! Warme Verpflegung gab es während dieser Zeit nur einmal. Das Brennholz, das man uns in den Waggon geworfen hatte, war nass und nicht genügend zerkleinert, damit praktisch in den Öfen nicht verwendbar. Werkzeug zum Zersägen oder zum Zerhacken hatte man uns naturgemäß nicht in den Waggon mitgegeben.

Angekommen im Leningrader Bereich, in Sichtweite der Stadt Borowitschi, wurden die Stabsoffiziere zunächst in Einzelschüben mit offenen Lastkraftwagen durch die zweifellos sehr reizvolle Landschaft in dem sogenannten „Zwischenlager", Lager 12 der Lagerabteilung 270 (später 7270) untergebracht. Dieses Lager war sogar für russische Begriffe nicht mehr belegungsfähig. Für Stabsoffiziere aber schien es gut genug zu sein. Da wir jedoch völlig unter uns waren und auch von aktivistischer Seite her nicht behelligt worden sind, konnten wir das Leben in diesem Lager selbst gestalten und durch verschiedenartige geistige Beiträge uns die Zeit interessant und lehrreich machen. Zudem brauchten wir nicht zu arbeiten, außer in den Lagerbetrieben wie in Küche, Bad und Lazarett. Wenn dieses Lager auch in der Unterbringung und in den äußeren Lebensbedingungen, aufgrund der großen Kälte und der Primitivität, der Tiefpunkt unseres Aufenthalts in sowjetischen Kriegsgefangenenlagern war, behielten wir dieses Lager doch nicht in schlechter Erinnerung. Die relative Freiheit, vor allem die geistige Freiheit, die wir dort genossen, hat uns das Lager an das Herz wachsen lassen.

Geistige Beschäftigung

Wo immer es möglich war, bildeten die Lagerinsassen Gesprächs- und Diskussionskreise, Theatergruppen, hielten Vorträge, veranstalteten Konzerte und bauten sogar „Volkshochschulen" auf, da sich unter den gefangenen Reserveoffizieren sehr viele Lehrkräfte aus Schulen und Hochschulen befanden. Der geistige Austausch und das Angebot von Weiterbildung war ein wesentliches Element der psychischen Gesunderhaltung. Diese Aktivitäten wurden von den Lagerleitungen hin und wieder unterstützt, oft aber misstrauisch betrachtet und dann unterbunden. Viele Gefangene bemühten sich, Russisch so weit zu erlernen, dass sie sich auch am Arbeitsplatz zumindest verständlich machen konnten.

Beispielhaft sind zwei Notizblätter abgebildet, die in der Gefangenschaft beim Sprachenlernen erstellt worden sind.

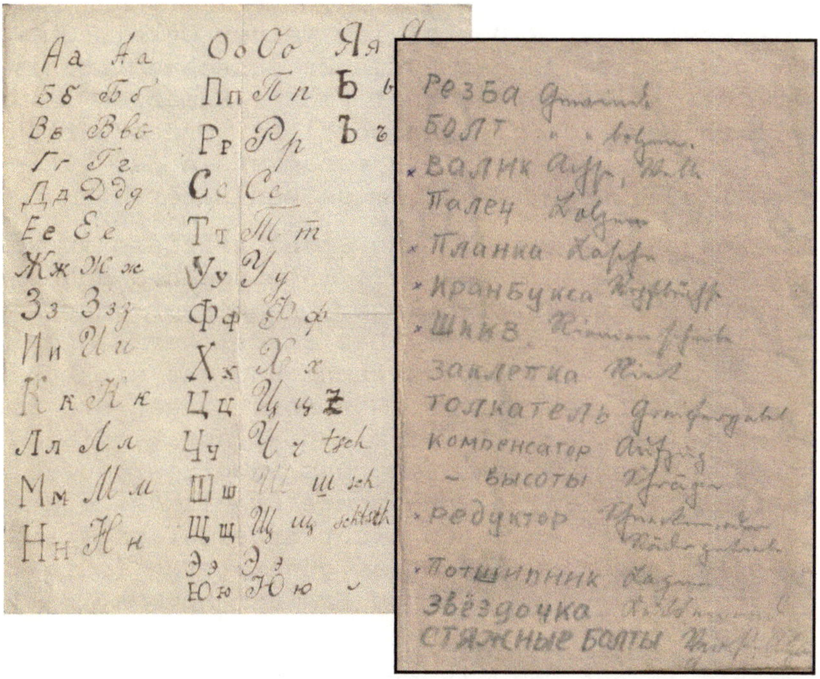

Allerdings war die Versorgung schlecht. Es fehlte an Holz für die Küche, weil die russische Lagerverwaltung das gelieferte Brennholz anderweitig verwendete und verkaufte. Da wir uns wehrten, stattdessen im Wald Knüppelholz zusammenzuklauben, blieb oft das warme Essen aus.

Da ich schon im Zentrallager 58 mit der Ärzteschaft in Berührung gekommen war, übertrug man mir in diesem Winter-Vierteljahr die Seuchenstation unseres Sanitätsbereichs. Ich wurde Sanitäter für etwa ein Dutzend kranke Offiziere. Es war eine aufreibende und durch die Witterung und miserable Unterkunftsverhältnisse oft unbefriedigende Tätigkeit. Infolge Mangel an Medikamenten war eine Heilung unserer Patienten nur begrenzt möglich: Diät kochte uns ein Generalstabsmajor mit Hilfe geliehener Kochgeschirre in den Feuerlöchern der Küchenkessel mangels geeigneter Töpfe und Feuerstellen.

In diesem Lager 270 traf ich meinen Onkel, Oberst Eugen H., der aus dem Südostkriegsschauplatz im Zuge der Kapitulation über Focani/Rumänien in den Bereich Borowitschi transportiert worden war. Wir blieben bis November 1949 zusammen in der gleichen Lagergruppe, meist im selben Lager.

Im Frühjahr teilte man uns Stabsoffiziere in verschiedene Lagergruppen auf; in einzelnen Schüben wurden wir in das Stadtlager, Sandlager oder Waldlager transportiert. Das Stadtlager lag an der Peripherie von Borowitschi und war ein knochenhartes Arbeitslager. Von dort gingen die Soldaten in die Keramik- oder Papierfabrik, die am Rande von Borowitschi lag. Das Sandlager sowie das Waldlager waren sogenannte Erholungs- oder Lazarettlager, in denen nicht arbeitsfähige Kriegsgefangene unter etwas günstigeren Bedingungen leben und wieder zu Kräften kommen sollten.

Ich kam in das Stadtlager; die Unterbringung dort war miserabel. Die Unterkünfte bestanden aus Erdbaracken, von denen die Fenster kaum über den Boden herausragten. Das Gelände bestand aus lehmigem Ton, und sobald es nur ein wenig regnete, konnte man sich auf dem glitschigen Hang kaum halten.

Die Gefangenen hausten in diesen Erdbunkern zu je zwei- bis dreihundert Mann auf zweistöckigen durchgehenden Holzpritschen, meist ohne Strohsack mit unzulänglicher Zudecke in unsäglich dreckigen, abgerissenen Uniformen bei denkbar niedrigstem Lebensstandard. Die zwei- bis dreitausend Menschen, die dieses Lager fasste, gingen in der Masse zur Arbeit; sie waren gesundheitlich in sehr schlechtem Zustand. Die Unterbringung war derartig eng, dass man kaum mehr als vierzig

Zentimeter Raum auf den Pritschen fand. Es drehte sich alles in diesem Lager in der großen Mühle: Arbeit-Dystrophie-Lazarett-Dystrophie-Erholungslager-Arbeit-Dystrophie-Lazarett usw. bis eines Tages auch bei den Kräftigsten der Organismus streikte und der ohnehin schon zerschlissene Lebensfaden abriss. Doch das war für die sowjetische Lagerleitung seinerzeit nicht besonders aufregend: „Wie, nur zwanzig Tote heute?“ fragte die Ärztin eines Tages, „nicht mehr?“.

In diesem Lager war das Aktiv wieder sehr lebhaft tätig und erschwerte uns, den nicht arbeiten dürfenden Stabsoffizieren das Leben in übelster Weise. Zur Entlastung der arbeitenden Mannschaften hatten wir freiwillige Arbeitsdienste angeboten und waren im Lager, in der Küche, der Wäscherei und an verschiedenen anderen Stellen wie Wasser holen usw. eingesetzt. Als wir eines Tages dahinter kamen, dass stattdessen nun umso mehr Nichtstabsoffiziere, die im Lager hätten beschäftigt werden können, zur Schwerstarbeit auf die Baustellen und Arbeitsobjekte gejagt wurden, stellten wir unsere freiwillige Arbeit wieder

Baracken im Waldlager Borowitschi, Wäscherei und Wäschekammern
(Unbekannter Künstler)

ein. Das Aktiv nutzte diese Tatsache zur Hetze gegen uns aus, ohne die wahren Motive zuzugeben.

In den Sommermonaten der folgenden Jahre schickte der Russe die nichtarbeitenden Offiziere und Stabsoffiziere aus den Arbeitslagern fort, so dass die Masse der Kurland-Offiziere in dem Jahr 1947/48 entweder im Wald- oder im Sandlager war, beides Lager, die nur für den Sommerbetrieb geeignet sind. Das Waldlager, in das ich zweimal transportiert wurde, war ein kleines Lager am Fluss Msta gelegen inmitten einer ausgedehnten Sumpf-, Wald- und Dünenlandschaft. Nachteilig waren die endlosen Schwärme Mücken, die uns heimsuchten. Dafür war die Bewegungsfreiheit in diesem Lager größer. Der Russe vertraute auf die Weitläufigkeit der Waldgebiete und die Spürsicherheit seiner Hunde. Außerdem hatte er bekanntgegeben, dass bis spätestens Dezember 1948 alle Kriegsgefangenen zu Hause sein würden. Die großen Schauprozesse in Nowgorod waren abgerollt, einige treue und tüchtige Kameraden hatten ihr Leben eingebüßt oder ihre Freiheit für fünfundzwanzig Jahre verloren. Die Verfahren dieser Art schienen abgeschlossen.

Dass noch weitere folgen würden, fürchtete man allerdings, aber im Jahre 1948 ereignete sich in dieser Beziehung nichts.

Die Repatriierung der Gefangenen durch die UdSSR

Von Anfang an sah die Staatsführung der UdSSR im Arbeitseinsatz der Kriegsgefangenen eine Reparationsleistung, zu der Deutschland verpflichtet sei. Die Kriegsgefangenenverwaltung richtete Hinterlandlager ein, in denen arbeitsfähige Kriegsgefangene untergebracht wurden, die auf Baustellen in zerstörten Städten, im Kohlebergbau und in der Forstwirtschaft eingesetzt wurden. Ihre Arbeitsleistung umfasste von 1943 bis zum 31.12.1949 nach russischen Angaben etwa 1,08 Milliarden Mann-Tage. Bis Ende 1947 wurden daher angesichts der prekären Versorgungslage im Land vor allem kranke und arbeitsunfähige Gefangene entlassen. Auf der Moskauer Außenministerkonferenz im März 1947 hatten die Siegermächte vereinbart, alle Gefangenen bis Ende 1948 zu entlassen; dies betraf nach sowjetischen Angaben 890.532 gefangene Soldaten und Zivilisten. Von ihnen kamen bis zum 1. Dezember 1948 447.367 Gefangene frei, die verbliebenen 443.165 sollten im Laufe des Jahres 1949 frei kommen; ihre Entlassung verzögerte sich aber bis nach 1950 und betraf nur diejenigen, gegen die keine Verfahren wegen vorgeblicher politischer oder militärischer Verbrechen angestrengt worden waren. Mitte 1951 galt dies für etwa 21.000 Gefangene, die letzten 9.626 der in der UdSSR Verurteilten kamen erst nach dem Moskau-Besuch von Bundeskanzler Adenauer 1956 in die Heimat zurück. [Lit. [3] S.9f., [6]]

Im Dezember 1948 ließen die Kommissare durch das Aktiv verkünden, dass die Repatriierung 1948 bis auf einige Kriegsverbrecher, die man zur Bestrafung zurückhalten würde, abgeschlossen sein solle. Äußerten wir Skepsis, weil keinerlei Vorbereitungen erkennbar waren und es uns unwahrscheinlich zu werden begann, dass die Russen mit ihrem schwerfälligen Verwaltungsapparat in den noch verbleibenden wenigen Wochen die Hunderttausende deutscher Kriegsgefangene in die Heimat transportieren könnten, so erhielten wir scharfe Zurechtweisungen: „Die UDSSR hält sich an die Abmachungen! Wer nicht an die Repatriierung der deutschen Kriegsgefangenen noch vor Ablauf des Jahres 1948 glaubt, ist ein Faschist!" Basta! Aber es geschah nichts.

Am 1. Januar hing vor den Augen der erstaunten Kriegsgefangenen an der Wandzeitung eine Mitteilung, auf der folgendes zu lesen stand: „Da die anderen Siegermächte auch ihrerseits nicht alle Kriegsgefangenen repatriiert haben, sieht sich auch die Sowjetunion nicht veranlasst, die deutschen Kriegsgefangenen zu repatriieren. Wer seine Freundschaft mit der Sowjetunion vom Zeitpunkt der Repatriierung abhängig macht, ist ein Faschist und Feind der Sowjetmenschen."

So blieb in dem Lager alles beim Alten, die Subalternen gingen zur Arbeit, die Stabsoffiziere blieben in den Lagern, Stadt-, Wald- oder Sandlager.

Unterirdische Baracken im Waldlager Borowitschi.
Sie waren im Winter einigermaßen warm, im Sommer ausreichend kühl.
Wanzen gab es millionenfach, sie liebten das ausgeglichene Klima.
(Unbekannter Künstler)

Vernehmungen

Im Februar 1948 wurde auch ich plötzlich zur Vernehmung* abgeholt. Beunruhigt überlegte ich, was man wohl gegen mich im Schilde führen könne. Ich war auch dann nur teilweise beruhigt, als sich während der Vernehmungen herausstellte, dass ich als Zeuge zitiert worden war. In der Sowjetunion besteht nämlich bei jeder Zeugenaussage sehr rasch die Gefahr, vom Zeugen zum Beschuldigten umgestempelt zu werden, weil in den Augen der russischen Justiz eine Zeugenaussage bereits erkennen lassen kann, dass irgendeine „verbrecherische" Verbindung untereinander besteht. Diese Sorge erwies sich im Verlauf der Dinge auch als durchaus zutreffend. Die Sache zu der ich als „Zeuge" vernommen wurde war nach normalem Rechtsbegriff klar und einfach; innerhalb der Sowjetjustiz jedoch war die Angelegenheit bedrohlich und beunruhigend: Ein Feldgendarm meiner Division, der Division z.b.V. 300, war angeklagt worden, von drei ihm im März 1945 zum Abtransport in ein deutsches Kriegsgefangenenlager anvertrauten sowjetischen Kriegsgefangenen zwei unterwegs erschossen und somit nur einen abgeliefert zu haben. Ganz gleich, was herauskommen würde aus dieser Verhandlung, ich war in jedem Falle in diese Angelegenheit verwickelt, zumal ich selbstverständlich die Kenntnisse, die ich von dem ganzen Vorgang hatte, bekanntgeben musste, um den Mann zu entlasten und damit womöglich zu retten.

Meine Aussagen hätten bei einer normalen Justiz zur völligen Entlastung des Feldgendarmen führen müssen. Der Fall selber war mir noch gut in Erinnerung. Folgendes hatte sich ereignet: Ein drei Mann zählender sowjetischer Feindspähtrupp war durch die deutschen Linien hindurch in das Gebiet

---

* Mit diesen „Vernehmungen" begann die große Aktion gegen die deutschen Kriegsgefangenen in der Sowjetunion, die 1949 ihren Höhepunkt erreichte.

der Division eingedrungen, und es hatte ein Kampf zwischen diesen Russen und unseren Soldaten stattgefunden, einer dieser drei sowjetischen Infanteristen war gefallen, die beiden anderen, einer von diesen verwundet, waren in Gefangenschaft geraten. Diese beiden Soldaten waren auf meinen Gefechtsstand gebracht worden. Den Verwundeten hatte ich sofort in das Tukumer Lazarett überführen lassen; ich habe ihn tags darauf dort persönlich gesehen. Der übrig gebliebene dritte war von uns im Stab befragt worden, später durch den Feldgendarmen in das Kriegsgefangenenlager eingeliefert worden. Somit konnten tatsächlich nur zwei sowjetische Soldaten lebend in unsere Hände gefallen sein; da einer in das Lazarett eingeliefert worden war, konnte auch der Feldgendarm nur einen einzigen sowjetischen Kriegsgefangenen in das Lager überführt haben. Mithin konnten auch nicht zwei erschossen worden sein. Somit stellte ich die Dinge dar und glaubte, der Vorgang sei damit erledigt.

Aber es lag ja in der Absicht der sowjetischen Justiz, Schuldige zu finden und nicht die Unschuld bewiesen zu bekommen. Wenn man weiß, dass ein sowjetischer Untersuchungsrichter in einem Prozeß Prämien für jeden Überführten erhält, während ihm ein Freispruch nichts einbringt, dann versteht man den Drang der Richter, Verurteilungen um jeden Preis herbeizuführen.

Im Verlaufe meiner Vernehmungen versuchte man zunächst durch plumpe Fälschungen die Tatsache einer Erschießung von Gefangenen in den Text des Protokolls hineinzuschieben. Ich entdeckte diese Absicht trotz meiner mangelhaften russischen Sprachkenntnisse und konnte sie unterbinden. Dieser plumpe Versuch, einen Verurteilungsgrund rasch unwiderrufbar herauszufragen sah etwa wie folgt aus: Der „Richter" fragte mich zu den angeblich erschossenen drei Sowjetsoldaten, was ich davon wisse, man habe die Leichen ausgegraben.

Ich erklärte wahrheitsgemäß, dass es unmöglich sei, drei Leichen exhumiert zu haben, wies auch darauf hin, dass früher bereits um Tuckum herum heftige Kämpfe stattgefunden hatten, bei denen es auch Tote gab. Diese seien rings um Tuckum bestattet worden. Exhumierte Leichen seien also kein Beweis für diesen Fall.

Wichtiger aber zu dem vorgehaltenen Fall sei die Tatsache, dass es überhaupt nie drei Gefangene gegeben haben könne. Nur ein sowjetischer Soldat sei gefallen, der zweite sei bei dem Gefecht verwundet worden, der dritte sei unverwundet auf dem Divisionsgefechtsstand vernommen, danach in das Kriegsgefangenenlager geführt worden. Den Verwundeten hätte ich einige Tage später anlässlich meines Besuches im Lazarett, selbst gesehen: Die Deutschen machten mich besonders darauf aufmerksam, dass ein Russe zwischen ihnen läge.

All dies schrieb der Vernehmende so, wie es ihm von der Dolmetscherin weitergegeben wurde, mit lila Tinte eigenhändig auf großformatige (Folio-Format-) Bögen. Am Ende der Vernehmung las er alles noch einmal sehr rasch in russisch der Dolmetscherin vor, die sich bemühte, diesem Galopp-Vortrag zu folgen und Bruchstücke zu übertragen. Trotz meiner unzureichenden russischen Sprachkenntnisse aber fiel mir eine Stelle plötzlich auf.

Er las vor: „... i adin restrelajet ...“ Ich hatte noch soviel in Erinnerung, das mir die Bedeutung dieser Vokabel bekannt war. „Restrelajet“ bedeutete soviel wie „erschossen“. Wenn dieses Wort stehen blieb, dann war klar, dass man von einer Gefangenenerschießung sprechen könnte, die ich selbst protokollarisch bestätigt hatte. Sofort erhob ich Einspruch und verlangte genaue Übersetzung. Der Russe wurde ungeduldig und meinte, es sei schon alles richtig so. Im Hin- und Her aber musste er zugeben, dass es im Russischen kein Wort für „Gefallener“ oder

„fallen“ gäbe. Das Wort „erschießen“ aber ist zweideutig. Ich verlangte, dass es aus dem Protokoll getilgt und stattdessen geschrieben werden solle: „Ein sowjetischer Soldat ging im Kampf tot.“ Der Russe wehrte sich eine Weile gegen diese Änderung, die Dolmetscherin aber überzeugte ihn davon, dass meinem Wunsche entsprochen werden müsse, sonst würde ich vielleicht nicht unterschreiben. Da in der sowjetischen „Justiz“ - oder für was man immer diese Prozedur halten soll - keine Protokolländerungen erlaubt sind, wohl weil man den Richtigkeitsbescheinigungen nicht trauen kann, musste der Vernehmende das ganze Protokoll zerreißen und neu schreiben - was ihn sehr erboste.

Amüsant an der Vernehmung war, dass der Russe die Zeit nutzte, um sich -sicherlich umsonst- seine Stiefel neu besohlen zu lassen. Er ließ sich für diese Socken-Periode eine alte Decke bringen, auf der er mit seinen Füßen herumtrat. Ich sehe diese Beine mit den sich ab- und hochspreizenden Zehen noch vor mir.

Die Dolmetscherin war eine ältere Dame, gepflegt, wenn auch sehr einfach dunkel gekleidet mit Bluse und Rock. Ihr war das Verfahren des Offiziers peinlich, was sie jedoch offen nicht erkennen ließ. Als der Vernehmende einmal kurz hinausstürzte, erklärte sie mir das mit dem fehlenden Begriff. Sie habe aber kein Recht gehabt, den Vernehmenden hierauf aufmerksam zu machen, als er die erste Fassung hinschrieb. So war also auch sie eingespannt in den Apparat, den die Sowjets aufgezogen hatten, um Schuldige zu finden.

Am Gang des Verfahrens gegen mich hat dieser Einspruch nichts geändert. Da ich anscheinend auf der Liste derjenigen stand, die zurückgehalten werden sollten, wurde flugs ein Grund hierzu konstruiert. Weitere Gründe logen sich die „Richter“ noch hinzu.

Die sowjetische Justiz - oder jedenfalls diejenigen, denen übertragen worden war, aus deutschen Kriegsgefangenen Verbrecher herzustellen - fanden aber dann andere Wege, mich zu verurteilen. Dieser erste Versuch, sozusagen „auf die dumme Tour" blitz-blatz einen Kriegsverbrecher zu erzeugen, war misslungen.

Was aus dem Feldgendarmen S. geworden ist, ob ihn meine Entlastungsaussagen geholfen haben, habe ich nie erfahren können. Für mich wurde die Angelegenheit mit den „3" sowjetischen Kriegsgefangenen später im Dezember 1949 zum Punkt eins der Anklage erhoben und führte zehn Monate später zu meiner Verurteilung.

Im Sommer 1949 begann im Waldlager eine genaue „Durchleuchtung" aller Stabsoffiziere durch eine Sonderkommission des sowjetischen MWD*. Diese MWD-Offiziere (wenn man für die Politkommissare die Bezeichnung „Offiziere" überhaupt verwenden kann), wandten von Anfang ihrer Vernehmungen üble, terroristische Gewaltmittel an. Mit Prügeln, Einsperren in Dunkelzellen, Karzer usw. wurde nicht gespart; Bedrohungen aller Art und für uns böse Zukunftsaussichten wurden geäußert. Es herrschte im Lager eine gedrückte Atmosphäre. Im Karzer eingesperrt saßen ständig etwa zwanzig Freunde durchschnittlich sieben bis zehn Tage lang, maximal 24 Tage! Zwischendurch wurden die Inhaftierten vernommen. Es gelang den Kameraden im Lager zum Glück immer, die Eingeschlossenen gut in Futter und bei Stimmung zu halten, sodass deren Widerstandskraft im allgemeinen ausreichend blieb.

Auch ich wurde eines Tages zur Vernehmung zitiert und saß an einem hellen Mittag dem „Schläger", einem jungen, blonden, untersetzten, brutal aussehenden MWD-Hauptmann gegenüber. Er fragte

---

* MWD: Ministerium für innere Angelegenheiten

tausend Dinge, Schlag auf Schlag in rascher Folge. Ich ließ mir mit meinen Antworten Zeit. In solchen Fällen ist die Notwendigkeit über Dolmetscher sprechen zu können, sehr nützlich. Ich verstand soviel Russisch, dass ich eigentlich alles zweimal hören konnte. Allerdings musste ich mich dabei hüten, mir anmerken zu lassen, dass ich etwas verstehe: Da stiert man eben mit dämlichem Gesicht in die Luft.

Die sich bei den Vernehmungen anfänglich ergebenden scheinbaren Ansatzpunkte für eine Verurteilung aus der Tatsache, dass ich dem Stab einer Sicherungsdivision, der Sicherungsdivision 201, und den in den Augen der Russen ominösen Stab „z.b.V." 300 (der 13. Luftwaffenfelddivision) angehört hatte, schien zunächst für die Russen höchst verdächtig. Ich konnte aber genug „Zeugen" benennen, die bestätigten, dass es sich bei der Division um einen stets im Fronteinsatz an der Kurlandnordküste, in der Südostecke und an der Küstenfront eingesetzten Truppenstab gehandelt hatte, dessen divisionseigene Verbände aufgerieben waren. Aber diese Tatsache war im Grunde unwichtig und bedeutungslos; den sowjetischen Untersuchungsrichtern kam es auftragsgemäß darauf an, eine große Anzahl deutscher Offiziere von der Repatriierung auszuschließen, hierzu waren den Sowjet-„Richtern" alle Mittel recht.

Auch bei mir begann der Schläger mit Drohungen. Als er dann auch, wohl um zuzuschlagen, sich plötzlich erhob und sich über den Tisch mit ausgeholter Pranke hinüberbeugte, stand ich von meinem Hocker auf. Er stellte seinen Angriff wohl wegen der erheblichen Größenunterschiede unverzüglich ein. Wäre ich sitzengeblieben, so hätte er mich zweifellos wie viele meiner Vorgänger samt Schemel in die Ecke des Vernehmungszimmers gefeuert.

Es gelang dieser sowjetischen Kommission in verschiedenen Fällen, „Schuldige" zu erzeugen. Das

Mittel hierzu waren fast durchweg entweder Protokollfälschungen, wie bei meinem Freunde B., oder Übertölpelungen ähnlicher Art. Dies geschah meist, indem die Vernehmenden erklärten, diese oder jene Aussage sei völlig harmlos und bliebe für alle Beteiligten ohne irgendwelche Folgen. Später musste man mit Überraschung feststellen, dass sie diese harmlose Aussage zum Anklagepunkt erhoben und eine verbrecherische Tätigkeit hieraus konstruiert worden war. Mehr als sechzig Kameraden waren auf diese Weise bereits schwer belastet worden, u.a. die ehemaligen Ic, 03[*], Kommandanten in rückwärtigen Gebieten, Offiziere der Feldgendarmerie sowie Angehörige der Waffen-SS und der Polizei, auch wenn sie ausschließlich im Front- und Kampfeinsatz, tätig gewesen waren.

Die Bäckerei im Waldlager Borowitschi

(Unbekannter Künstler)

---

* „Ic“: frühere Bezeichnung für den militärischen Feindnachrichtendienst (jetzt „G2“); „03“: frühere Bezeichnung für den „3. Ordonnanzoffizier“ in einem Stabe, der als Gehilfe des Ia (jetzt Chef des Stabes) tätig war.

Das System der Lager

Nach den Berichten entlassener Kriegsgefangener wurden in der UdSSR bis Mitte der 1950er Jahre an mehr als 2.125 Orten deutsche Kriegsgefangene festgehalten. Den insgesamt 216 Lagerverwaltungen unterstanden 2.451 Einzellager, zusätzlich gab es 166 Arbeitsbataillone der Roten Armee und Sonderlager des MWD. Die übergeordnete Behörde war die Verwaltung Kriegsgefangene und Internierte (UPVI), die dem Volkskommissariat für Innere Angelegenheiten der UdSSR (NKWD) unterstand. Im Juni 1947 wurden die Lager in vier Gruppen eingeteilt:

Gruppe 1: Lager, Einzelbataillone und Speziallazarette in Grenzgebieten,

Gruppe 2: Hinterlandlager für deutsche Kriegsgefangene mit allgemeinem Gewahrsamsregime,

Gruppe 3: Lager für kriegsgefangene Ungarn, Rumänen, Österreicher mit gelockertem Gewahrsamsregime

Gruppe 4: Sonderregimelager für Saboteure, ehemalige Angehörige der SS, des SD, der Gestapo, Soldaten und Offiziere, denen Gräueltaten gegen die örtliche Zivilbevölkerung sowie gegen sowjetische Kriegsgefangene zur Last gelegt wurden; Lager mit verschärftem Gewahrsamsregime. [Lit. [3] S. 10]

(Zeichnung: KOB)

Keulenschlag

Seit Anfang 1949 hatte ich von meiner schwedischen Frau, die noch in Schweden als Zahnärztin praktizierte, (sie war 1944 nach dort zurückgekehrt, um ihr Examen zu beenden) keine Post mehr erhalten. Im Spätsommer 1949, ich glaube Anfang September, nahm mich eines Tages mein Onkel, Eugen H. zur Seite und sagte mir: „Du hast doch kürzlich so eine Bemerkung gemacht, weil Du von Deiner Frau nichts mehr gehört hattest. Du hattest - fast scherzhaft - gesagt, Du habest den Eindruck, gar keine Frau mehr zu besitzen. Karl-Otto, das ist leider Tatsache!" „L. schrieb mir heute, dass Deine Frau sich von Dir trennen will. Wörtlich hat sie Deiner Mutter geschrieben: „Das unnormale Leben lässt sich in einem normalen Land nicht mehr ertragen, die Eltern, ihre Eltern, sind hiermit einverstanden, weitere Worte hierüber zu verlieren, ist sinnlos." „Ich glaube, sagte mein Onkel weiter, „Du hast davon noch nichts erfahren, weil Dich wohl die Post, in der Deine Frau Dir ihre Absicht mitteilt, nicht erreicht hat."

Dass mich diese Nachricht wie ein Keulenschlag traf und ich nahe daran war, den Verstand und allen Lebenswillen zu verlieren, ist angesichts der Situation zu verstehen. Ich ging, obwohl es mir widerstrebte, zu den sowjetischen Kommissaren, schilderte die Lage und bat, Briefe schreiben zu dürfen, um meiner Frau mitzuteilen, dass meine Repatriierung bis Ende dieses Jahres spätestens vor sich gehen soll, und um sie zu bewegen, noch solange auf mich zu warten und ihren Entschluss nicht vorzeitig zu fällen. Würde ich bis dahin nicht heimgekehrt sein, so sei sie frei, mit meiner Repatriierung sei dann in absehbarer Zeit ohnehin nicht mehr zu rechnen.

Die Kommissare ließen mich mehrere Briefe schreiben, an meine Frau, an meine Mutter, an die Tante meiner Frau nach Schweden, und versprachen, die Post unverzüglich zu expedieren.

Ein viertel Jahr später entdeckte ich durch Zufall sämtliche Briefe in meiner Untersuchungsakte; sie sind nie abgesandt worden.

In den folgenden Wochen und Monaten lebte ich in einer unbeschreiblichen Stimmung und versuchte zu ergründen, was meine Frau bewogen haben konnte, jetzt diesen Schritt zu tun. Aber es waren mir alle Hände gebunden. Kurz danach verlegte man uns ins Stadtlager. Die Ungewissheit blieb .... Im Laufe des Novembers 1949 wurden die schon erwähnten achtzig Kameraden, gegen die es den Kommissaren gelungen war, Verfahren zu konstruieren, in den Lagerkarzer des Stadtlagers, wohin man uns wieder gebracht hatte, inhaftiert. Die Vernehmungen gegen die übrigen Offiziere liefen weiter. Es war jedoch zunächst nicht klar zu erkennen, zu welchem Zwecke sie dienen sollten.

Mitte November fuhr ein Heimattransport, in dem auch erstmalig eine größere Anzahl Stabsoffiziere eingereiht waren. Außer dem schon erwähnten Personenkreis der „Verdächtigen" waren unter den Heimfahrern nicht vertreten: Generalstabsoffiziere, Richter, ehemalige SS-Offiziere, die Masse der Intendanten*, ein Teil der Geistlichen und einige Soldaten aus rückwärtigen Diensten. Wir schlossen auf eine neue Verhaftungswelle. Gleichzeitig wurde ein neuer Karzer eingerichtet, d.h. eine Baracke, die ursprünglich für Kriegsgefangene bestimmt war, wurde mit Holzblenden versehen und von einem eigenen Drahtzaun umgeben. Ich gab meinem Onkel, der diesem Transport auch angehörte, meine wenigen Wertsachen, Ringe, meinen Ehe- und meinen Wappenring, mit dem Bemerken, dass

---

* Leiter der militärischen Verwaltungsbehörde, die die Truppe in allen materiellen Bedürfnissen (außer Waffen und Munition) zu versorgen hatte.

auch ich mit einer Verhaftung rechnete. Er fuhr am 16. November 1949, dem Geburtstag meiner Frau, nach Hause.

Kriegsgefangenen-Post

Die Regelungen, postalisch mit Angehörigen in der Heimat in Verbindung zu sein, gehören zu den wichtigsten Bestimmungen im Kapitel II der Haager Landkriegsordnung über die Rechte und Pflichten der Kriegsgefangenen. Für die Gefangenen war es als Lebenszeichen elementar und damit psychisch wichtig, schreiben zu dürfen und Post zu empfangen. Nach dem Waffenstillstand 1945 hatten auch die Kriegsgefangenen in der UdSSR diese Möglichkeit. Die sowjetische Kriegsgefangenenverwaltung gab dazu vorgedruckte Karten (mit anhängender Antwortkarte) aus, die in der Regel monatlich einmal verschickt werden durften. Der Versand erfolgte portofrei unter Beteiligung der Organisation des Internationalen Roten Kreuzes. Allerdings waren die Postlaufzeiten sehr groß, die Versendung und Zustellung in den Lagern unsicher und häufig mit Schikanen der Lagerleitungen verbunden. Nach den Zensurvorgaben durfte der Text höchstens 25 Worte mit einem unverfänglichen Inhalt enthalten. Insbesondere waren Aussagen zu den Bedingungen und dem Ort der Gefangenschaft, der Lebenssituation und zum Gesundheitszustand verboten. Zu besonderen Gelegenheiten, z.B. an Weihnachten, durften die Karten „als Geschenk" komplett beschrieben werden.

Hier ist eine Postkarte abgebildet, die K.-O. Behrendts Vetter Erhard an seine Frau geschrieben hat. In der Familie gab es eine „geheime" Absprache, durch Markierung einzelner Buchstaben mit Punkten „verbotene" Informationen zu verbergen.

In dem Text ist die Angabe „Kohlenbergwerk am Don" versteckt.

[Lit. [6] S. 9]

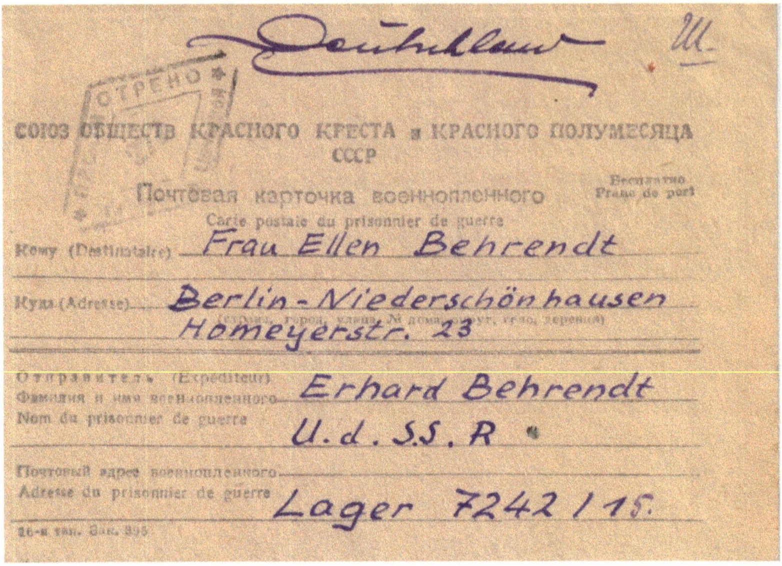

Deutschland

СОЮЗ ОБЩЕСТВ КРАСНОГО КРЕСТА и КРАСНОГО ПОЛУМЕСЯЦА
СССР

Почтовая карточка военнопленного
Carte postale du prisonnier de guerre

Бесплатно
Franc de port

Кому (Destinataire) Frau Ellen Behrendt

Куда (Adresse) Berlin-Niederschönhausen
Homeyerstr. 23

Отправитель (Expéditeur)
Фамилия и имя военнопленного
Nom du prisonnier de guerre Erhard Behrendt
U.d.S.S.R

Почтовый адрес военнопленного
Adresse du prisonnier de guerre Lager 7242/15.

26-я тип. Зак. 395

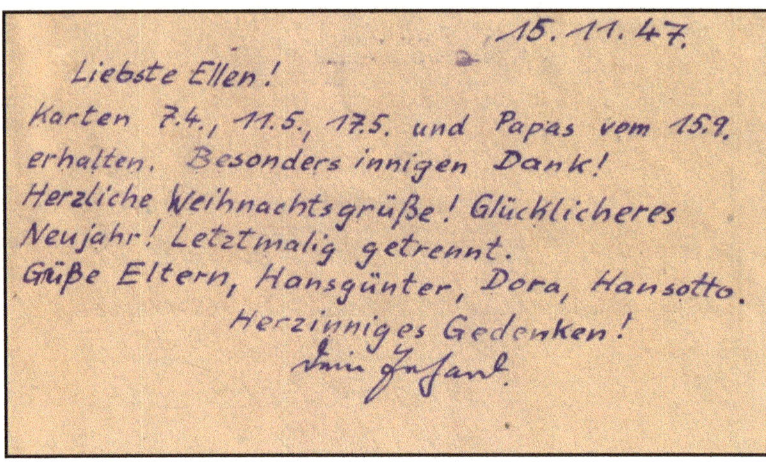

15.11.47.

Liebste Ellen!

Karten 7.4., 11.5., 17.5. und Papas vom 15.9. erhalten. Besonders innigen Dank!
Herzliche Weihnachtsgrüße! Glücklicheres Neujahr! Letztmalig getrennt.
Grüße Eltern, Hansgünter, Dora, Hansotto.

Herzinniges Gedenken!
Dein Erhard.

Verhaftungen

Anfang Dezember berichtete der von einer Vernehmung kommende Oberst B., dass im Stab der sowjetischen Lagerleitung ein aus Moskau gekommener Kapitän eingetroffen sei. Dieser Kapitän mit dem Namen Maslow habe sich sofort daran gemacht, alle bereits abgelegten Akten wieder herauszureißen und mit den Worten: „Plocha Rabotali“, das heißt: „Schlecht habt ihr gearbeitet!“ zu durchwühlen. Offensichtlich würde eine neue Welle von Verhaftungen vorbereitet. Diese Annahme bewahrheitete sich sehr bald. Der Russe hatte für seine Verfahren einen neuen Paragraphen herausgefunden. Hatte man bisher die Anklagen aufgrund des Paragraph 58 (also: Spionage, antisowjetische Aktionen von Sowjetbürgern gegen die Staatsmacht) vorgenommen, so wurde nun ein neuer Paragraph, der Paragraph 17 auf alle diejenigen angewendet, denen der Russe keine persönlichen Belastungen anhängen konnte. Dieser Paragraph stellte die sogenannte „Mittäterschaft an Verbrechen“ unter Strafe, die auf sowjetischem Territorium begangen worden waren. Der Paragraph fand in Verbindung mit dem Artikel 1 zum Strafgesetz Anwendung, nachdem die Verfolgung solcher Straftaten auch auf Soldaten angewendet werden konnte, die auf sowjetischem Territorium eingesetzt waren. Es war

МВД СССР

Главное Управление по делам о военнопленных и интернированных

Арх. № 01524128

УЧЕТНОЕ ДЕЛО

На военнопленного

Дело закончено в связи

Deckblatt einer Personalakte Utschetnoje Djelo (1949), Vordruck des Innenministeriums der UdSSR (MWD) zur Befragung von Kriegsgefangenen

den Russen hierdurch möglich, praktisch jeden Deutschen zu verurteilen. Überdies betrachtete er den Krieg als „verbrecherischen Überfall gegen die Sowjetunion", für die er jeden einzelnen persönlich haftbar machte. Somit war jeder Soldat als Mittäter sozusagen privatim am Kriege beteiligt.

Mein Korpschef, Oberst Freiherr von F., war einer der ersten, die aufgrund dieses neuen juristischen Taschenspielertricks verhaftet wurden. Mich holten sie am 13. Dezember 1949, dem fünften Todestage meines Vaters ... Ich erfuhr bei Beginn der Vernehmung, dass meiner Verhaftung der Paragraph 17 zugrunde lag und machte mich auf alles gefasst. Dass man mir als Punkt 1 der Anklage aber die angebliche Erschießung der beiden sowjetischen Kriegsgefangenen wieder vorwarf, hatte ich doch nicht erwartet. Weitere Anklagepunkte waren:

- weil ich Angehöriger der Sicherungsdivision 201 gewesen wäre, die Division, die viele Gräueltaten gegen sowjetische Soldaten und Zivilpersonen begangen habe,
- weil ich Ia der Division z.b.V. 300 gewesen war, die sich tierische Massenmißhandlungen an Zivilpersonen hätte zuschulden kommen lassen.

Man hatte sich noch nicht einmal die Mühe gemacht, auch nur eine dieser Behauptungen durch Tatsachen zu belegen oder gar zu beweisen. Es wurde in den lang andauernden Verhandlungen mir auch nicht eine der erwähnten Scheußlichkeiten je genannt bzw. geschildert, da es nämlich gar keine geben konnte! Beide Divisionen waren tatsächlich erst im November 1944 bzw. Januar 1945 in diese letzten Kurländer-Frontabschnitte eingerückt. Dort hatten sich außer den befreundeten und verbündeten Letten keine anderen Menschen mehr befunden, Übergriffe der vorgeworfenen Art waren also schon aufgrund dieser nachweisbaren Tatsachen unsinnige Behauptungen. Als schließlich mein Untersuchungsrichter bohrend fragte, ob ich nicht etwa in Wohnhäusern der Bewohner des Territoriums der Sowjetunion, nämlich Lettlands, gewohnt hätte, witterte ich, worauf er hinaus wollte und erwiderte: „Lettland ist bekanntlich widerrechtlich von der Sowjetunion annektiert worden und war zu der Zeit, zu der ich dort mit meinem Truppenteil gelegen habe, das Territorium eines mit Deutschland verbündeten Staates, keineswegs sowjetisches Territorium. Und wenn Sie mich wegen Benutzung eines lettischen Stuhls -was ich selbstverständlich getan habe, denn ich habe ja nicht die ganze Zeit gestanden- zu fünfundzwanzig Jahren Zwangsarbeit verurteilen wollen, dann tun Sie es bitte gleich; dann brauchen wir uns mit diesem ganzen Wahnsinn gar nicht länger zu beschäftigen". Er ließ daraufhin diesen Fragenkomplex fallen. Ich wurde in den Karzer eingeliefert, glaubte aber noch geringe Hoffnungsschimmer zu sehen.

„Karzer" - dies Wort klingt so zivil; man denkt an den von St. Anna, in dem Napoleon III. gesessen hat: Hier war es eine Tortur.

Die -normale- Baracke, einige Räume auf der rechten Seite, ein Gang auf der linken, war, wie gesagt, eingezäunt, und die Fenster waren mit Holzplanken verblendet worden. In den Räumen brannte also stets Licht, das bekannte, kümmerliche. Die Birnen waren etwas stärker in der Wattzahl, weil man uns ja beobachten musste.

Die Zimmer, etwa 5x8 m, waren leer. Die „Verhafteten" wurden hineingeführt, so, wie sie von den Vernehmungen kamen, also nur mit dem, was man auf dem Leib trug. In diesen Tagen packte jeder sein Bündel zu jeder Stunde „marschfertig" und hockte auf dem Rucksack oder neben seinem Koffer. Sorgfältig war überlegt worden, was tunlichst nicht in das Gepäck hineingesteckt werden durfte. Da war dann meist ein kleiner Beutel, vollgestopft mit entbehrlich-unentbehrlichen Dingen wie

Messer, Notizbuch, Gegenstände, die irgend ein Heimkehrer dann mit nach Hause nehmen sollte, verschnürt, mit Adresse versehen, neben dem Gepäck, und der Bettnachbar - Ober-, Neben- oder Untermann - war eingewiesen.

Jeder starrte auf die Türe, wenn sie aufgerissen wurde. War es dann ein uniformierter Russe, dann hielt alles den Atem an. Und dann erschien der Barackenälteste, unser Freund Oberst L., durchschritt mit unbewegtem Gesicht die Bettreihen, beugte sich dann plötzlich zu einem Kameraden herab: „Zur Wache" -

Und dann musste alles sehr schnell gehen. Denn in den seltensten Fällen kam der Aufgerufene noch einmal in die Unterkunft zurück.

Und wenn dies dann doch geschah, -einmal war mir das ja passiert- dann sahen alle mit verklärtem Blick auf den Wiederkehrer, und es begann sofort ein ausgiebiges Interview: „Was wollten sie? Wonach wurde gefragt? Wurden Namen gefordert, haben Sie Namen nennen müssen? Wurde nach Truppenteilen gefragt? Nach Frontabschnitten? Welchen Eindruck hatten Sie ... usf. usf."

Bald hatten wir heraus, um welche Gruppen Gefangener es sich hauptsächlich handeln würde. Die hierzu gehörenden richteten sich mit besonderer Umsicht darauf ein, besprachen mit ihren „Stammes-Genossen" - Richter, Generalstabsoffiziere usw.- wie man sich verhalten solle und was man freigeben könne. Der Standpunkt: „Ich heiße Müller, meine Erkennungsmarken-Nummer ist ..." war schon lange nicht mehr aufrecht zu erhalten, vor allem nachdem die Russen die Aussagen koppelten und den Anschein erweckten, man würde mit seiner Darstellung Kameraden retten, die „angeklagt" seien.

So landete man nach den Verhören meist im Karzer, geladen mit den Eindrücken von den Vernehmungen, erbost bis zum Platzen über die Wortverdrehungen und unberechtigten Anschuldigungen, ratlos wegen der Dialektik, wegen der völlig anderen Denkweise dieser Sowjet-Schergen, für die es nur „Verbrechen“ waren, die der Soldat an der Front oder sonst wo getan hatte.

Waren wir aber etwa selbst „falsch gepolt“, hielten wir für Recht, was Unrecht war? Lange wurde hierüber diskutiert, viel auch mit den Richtern, die zu den Fragen des Kriegsrechts ja Entscheidendes -aus unserer Sicht- zu sagen hatten.

Die Massenprozesse

Die unter Stalin instrumentalisierte Justiz führte gegen rund 34.000 deutsche Kriegsgefangene Prozesse, um neben tatsächlichen und vermeintlichen Kriegsverbrechern auch „Reaktionäre“ und „Revanchisten“ von einer Entlassung in die Heimat auszuschließen. Etwa 75 % aller Verurteilungen erfolgten 1949/1950 mit dem Zweck, die Verbrechen der Deutschen in der UdSSR sühnen, den Kriegsgefangenen einen Status als Strafgefangene ohne die Rechte des Kriegsvölkerrechts zuzuschreiben und damit als Arbeitskräfte im Land halten zu können. Die deutschen Kriegsgefangenen wurden von Militärgerichten oder Sondergerichten in nichtöffentlichen Schnellverfahren abgeurteilt, ohne dass eine konkrete Tatbeteiligung an dem vermeintlichen „Verbrechen“ nachgewiesen wurde und ohne den Angeklagten irgendwelche Rechtsmittel einzuräumen. Meist war die bloße Zugehörigkeit zu bestimmten Organisationen, Wehrmachts- oder SS-Einheiten ein ausreichender Grund einer Verurteilung. Da die Todesstrafe 1947 in der Sowjetunion generell abgeschafft worden war, lautete der häufigste Urteilsspruch „25 Jahre Arbeitsbesserungslager“. [Lit. [5] S. 38ff.]

Ich bin dran ....

Ich landete also auch im Karzer, dem exterritorialen Ableger des Borowitschier Gefängnisses, wie wir bald erfuhren. Das Lager hatte mit uns nichts mehr zu schaffen. Kameraden hatten meinen Einzug in dies Sondergefängnis innerhalb des Gefängnisses „Lager" beobachtet. Es war verabredet, dass sich Freunde auf dem Weg von der Wache zum Karzer aufstellten, scheinbar teilnahmslos, denen dann von dem Verhafteten zugeflüstert wurde, was sich ereignet hatte. So erhielten die noch Freien wichtige Informationen, v.a. dann, wenn eine neue Kategorie an die Reihe kam.

Die Begrüßung im Karzer war herzlich: Freudige Zurufe von allen Seiten - und man war doch im Grunde seines Herzens gar nicht so gern mitten unter den „Verbrechern", also denen, hinter denen die Türen schon fast ganz zugeschlagen waren. Irgendwie hoffte man -ein jeder von uns- noch in der Verhandlung herausschlüpfen zu können. „Sie können mich doch nicht verurteilen!" jammerte ein älterer, recht unbedarfter dicker Mitgefangener unaufhörlich, sich von einem an den anderen wendend. Unsere Richter hatten für jeden ein offenes Ohr; sie ließen sich den Hergang erläutern und gaben Tipps, halfen bei Formulierungen, suchten die „Klinken" heraus, an denen vielleicht ein Freikommen möglich sein könnte.

Es wurde voll und voller. Wir lagen wie die Heringe eng nebeneinander auf dem Fußboden. Vier Tage blieb ich in dem bald total überfüllten Karzer im Stadtlager. An 17.12.1949 befahl man uns, unsere Sachen zum Abmarsch zu packen.

Mitten im Wirbel dieses Abtransportes wurde mir in aller Eile meine „Anklageschrift" zur Kenntnisnahme vorgelesen. Sie enthielt haargenau dieselben Punkte, die mir schon am 13. Dezember vorgehalten worden waren. Keines der von mir vorgebrachten Argumente, die der Richter vor meinen Augen notiert hatte, war demnach beachtet worden. Ich entnahm hieraus, dass alle Versuche, auf dem Wege einer normalen juristischen Verteidigung, mit der ich mich während des Karzerlebens fortwährend befasst hatte und bei der mir mein Karzergenosse Dr. W. geholfen hatte, zwecklos waren. Es ging hier eben nicht um Recht oder Unrecht; die Verurteilung trug eindeutig politischen Charakter. Bestärkt in dieser Annahme wurde ich durch die Erzählung meines „Vetters" W.K., der von einer seiner Vernehmungen folgende Nachricht mitbrachte: „Der Dolmetscher hat mir auf Vorhaltungen über diesen Wahnsinn soeben gesagt, sie hätten Befehl, diese Art Verfahren aufzuziehen! Niemand könne etwas hiergegen unternehmen. Moskau hat befohlen!"

So kam ich als Untersuchungsgefangener und Angeklagter in das Borowitschier Stadtgefängnis, erstmalig in meinem Leben in diese Art Institution, dessen unerbittliche Gleichförmigkeit und stumpfe Genauigkeit lähmend und aufreizend zugleich wirkt. An der Wand unserer relativ großen Zelle fanden wir Inschriften, aus denen hervorging, dass unsere sechzig Kameraden, die bereits hier durchgegangen waren, alle, wie zu lesen stand, zu fünfundzwanzig Jahren verurteilt worden waren. Damit war auch uns unser Schicksal klar. Klar war uns nun auch, wie die Russen uns belogen hatten: Sie hatten nämlich versichert, wir würden durchaus nicht alle fünfundzwanzig Jahre zu erwarten haben; von unseren Kameraden, die vor uns abtransportiert seien, wären sogar einige freigesprochen worden, einige hätten nur geringe Strafen von etwa fünf bis acht Jahren erhalten. Hiermit hatte sich seinerzeit ein Teil der einfachen Gemüter schon beruhigt: Fünf bis acht Jahre? Eine Kleinigkeit! Vier Jahre haben wir davon bereits überstanden; jawohl angerechnet sei die Gefangenschaft auch worden, hatten die Russen frech weitergelogen.

Tribunal

Kohleskizze; Wilhelm Sprick

Am 21.12.1949 in der frühesten Frühe wurde ich mit etwa zwanzig Mann aus unser inzwischen durch weitere Zugänge überfüllten fünfzig Mann-Zelle herausgeholt und nach einem armseligen Schluck einer kaffeeähnlichen Brühe und einem winzigen Stückchen Brot durch die zur Feier von Stalins siebzigsten Geburtstag illuminierten und mit Transparenten geschmückten Straßen der Stadt Borowitschi in einem Bus, dessen Fenster grau überstrichen waren, zum Hauptstabe gefahren. Auf der Fahrt durch die erleuchtete Stadt konnten wir etwas von dem winterlichen Treiben in der Festbeleuchtung durch die Frontscheibe erkennen; es war noch ein letzter Blick in die Welt, die für uns bald nicht mehr erreichbar sein würde, nie mehr!

Im Hauptstabe, in einem der Verwaltungsgebäude, einem zweistöckigen Holzbau, tagten die Tribunale, 12 an der Zahl. Wir wurden von einem Kordon MWD-Armisten, die ihre Gewehre mit aufgepflanzten Bajonetten auf uns richteten, empfangen und in einen Raum in der oberen Etage geführt. Dort warteten wir - ich bis gegen dreizehn Uhr - ohne Verpflegung unter strengster, belastender Bewachung durch halbwüchsige, flegelhafte MWD-Armisten, viele lange Stunden. Die jungen Leute machten sich eine Freude daraus, vor allen Dingen die älteren unter unseren Leidensgenossen zu höhnen und zu verspotten.

Das Tribunal, dem ich in Zimmer 25 vorgeführt wurde, bestand aus:

1. dem Vorsitzenden: Oberstleutnant der Justiz Sokolow,
2. dem Beisitzer: Leutnant Pankratow,
3. dem 2. Beisitzer: Leutnant Rikalew,
4. dem Dolmetscher: Dolmetscher des MWD Fischkenhorn (ein Exil-Jude aus Frankfurt) und
5. dem Protokollführer: Gardespieß Schudon.

Außerdem standen zwei junge Bürschchen der MWD-Truppe mit aufgepflanztem Bajonett rechts und links von mir. Sie machten sehr grimmige Gesichter, waren aber doch so kümmerliche Erscheinungen, dass man sie samt ihrer Donnerbüchsen bequem hätte an die Wand klatschen können. Doch was hätte das wohl genützt? Es wäre ebenso zwecklos gewesen, wie etwa aus dem Fenster des WC, das nicht vergittert war, zu springen und zu fliehen. Der sowjetische Sicherheitsapparat war zu dieser Zeit bereits so dicht, dass, wenn es auch eine Zeit lang möglich gewesen wäre, sich in der Sowjetunion frei zu bewegen, ein Überschreiten der Grenze wo auch immer ausgeschlossen war. Ich, mit meinem doch ziemlich unrussischen Äußeren, meinem Herzschaden und meiner Knieverletzung, wäre wohl ohnehin nicht weit gekommen.

Die Anklagepunkte wurden mir von einem besonderen Blatt vorgelesen; es waren dieselben, wie man sie schon im Lager bekanntgegeben hatte. Meine Akte Nr. 499 lag ungeöffnet auf dem Tisch vor dem Vorsitzenden. Während ich meine Verteidigungsrede hielt, die der Dolmetscher Fischkenhorn übersetzte, begannen der Vorgesetze und der Gardespieß irgendetwas mit lila Tinte zu schreiben. Der erstgenannte nahm sich dann eine andere Strafakte vor und vertiefte sich in dieser. Ich bemerkte mit steigendem Ärger, dass er überhaupt nicht mehr zuhörte. Der Dolmetscher übersetzte immer gelangweilter meine Worte. Schließlich unterbrach mich der Vorsitzende und ließ fragen, ob ich denn noch nicht am Ende sei. Ich erwiderte wütend, dass ich doch wohl das Recht zur Verteidigung hätte, wenn ich fünfundzwanzig Jahre zu erwarten hätte. Der Vorsitzende fragte glotzend, woher ich das denn wüsste? Mir lag auf der Zunge zu sagen, dass es ja bereits außen an der Türe stünde, beherrschte mich aber und sagte nur: „Das ist doch die Norm!" Der Vorsitzende brummte ärgerlich, das könne ich noch gar nicht wissen, passte aber in der Folgezeit doch etwas besser auf. Das war mir eben recht, denn jetzt warf ich meinen Hoffnungsanker aus.

Ich verwies den Vorsitzenden darauf, dass am Ende meiner Akte ein Protokoll der staatlichen Kommission der Sowjetunion für die Untersuchung von Kriegsverbrechen im Raume der Heeresgruppe Kurland eingelegt sei. Dieses Protokoll hatte mir der Untersuchungsrichter am 25.11. in allen Einzelheiten vorgelesen. Hierin stand folgendes:

1. Nur in den Jahren 1941 bis 1943 sind Gräueltaten unbestimmter Art nach Feststellungen der Russen in dem Raum überhaupt vorgekommen, in dem meine Truppenteile, die Division 201 und der Stab der Division z.b.V. 300 gelegen hatten. Somit war es also absolut abwegig, mich mit diesen Gräueltaten in Verbindung zu bringen.
2. Unter den Truppenteilen, die entsprechend dieser umfangreichen Protokolle mit verbrecherischen Handlungen belastet waren, fanden sich weder die Division z.b.V. 300 noch die

Sicherungsdivision 201; mithin war mir ein Vorwurf wegen solcher Handlungen überhaupt nicht zu machen.

Dies sagte ich dem Vorsitzenden laut und deutlich und bat ihn, in der vor ihm liegenden Akte 499 nachzusehen; darin könne er das, was ich soeben gesagt hätte, schwarz auf weiß lesen.

Der Vorsitzende schaute mich zunächst schläfrig und gleichgültig an, blickte dann mit halb geschlossenen Augen durch die ihm auf die Nase herabgerutschte Brille in die Akte, las an verschiedenen Stellen, jedoch nicht am Ende der Akte, wie ich es von ihm verlangt hatte, einige Sekunden herum, schloss den Ordner, legte seine Hand auf den Pappendeckel und sagte: „Ich habe es gelesen!"

Ich wurde hinausgeschickt, das Gericht beriet. Die Posten, die mich hinausbegleiteten, sahen mich nach diesen Ausführungen etwas weniger böse an. Es schien, auch ihrer Ansicht nach für mich doch nicht so ungünstig auszusehen.

Nach etwa zwei Minuten wurde ich wieder hereingerufen. Das Gericht erhob sich langsam und der Vorsitzende forderte den Dolmetscher auf, das Urteil bekanntzugeben. Fischkenhorn verlas:

„Der ehemalige Major der ehemaligen deutschen Wehrmacht, Behrendt, Karl-Otto, Paul, geboren 23.06.15, wird wegen verbrecherischer Handlung von der Division z.b.V. 300 um die Erschießung von zwei sowjetischen Kriegsgefangenen und die zahlreichen Gräueltaten der Division 201 zum Tode verurteilt.
Gemäß Artikel 1 Erlass 43 des Obersten Sowjet über die Aburteilung von Kriegsverbrechern, wird die Todesstrafe zu fünfundzwanzig Jahren Einschliessung in sowjetische Arbeitsverbesserungslager umgewandelt. Der Zeitpunkt der Einschliessung soll gerechnet werden vom 13. Dezember 1949.

Unterschrift das Gericht des Bezirks Borowitschi der MWD ..."

Ich stand zunächst sprachlos diesem Unsinn gegenüber. Das Gericht nahm Platz. Der Vorsitzende fragte mich, ob ich noch etwas zu sagen hätte.

„Ja", bemerkte ich „Ich stelle fest, dass alle drei Anklagepunkte durch die Protokolle der Untersuchungskommission, die mir die Untersuchungsrichter während der Ermittlungen bekanntgegeben haben, vollständig widerlegt worden waren, also alle Behauptungen, die hier gegen mich erhoben seien, erstunken und erlogen sind! Bitte sagen Sie mir jetzt endlich den wahrhaftigen Grund zu meiner Verurteilung!"

Fischkenhorn übersetzte zögernd. Der Vorgesetzte glotzte mich an, schlug auf den Tisch und schrie: „Idi....." (Raus).

Draußen im Wartezimmer wurden mir und einigen anderen dort Wartenden die Texte des Urteils, auf Formulare in blauer Tinte geschrieben, ausgehändigt. Sie waren in schlechtem Deutsch und mit vielen Fehlern abgefasst. Dabei unterlief dem Gardespieß Schudon noch der Fehler, dass er ein Urteil auszugeben sich anschickte, das meinem Divisionsintendanten Dr.L. galt. Dieser aber war überhaupt noch nicht vor dem Tribunal gewesen. Wir teilten dem Spieß dies grinsend mit und bemerkten, nun wüssten wir ja, wie die Urteile zustande kämen! Der Spieß ging ärgerlich hinaus.

Dieser Fall steht keineswegs allein; die Urteile waren meist bereits fertig, auch fertig geschrieben, bevor die Verhandlungen begannen.

Nachdem wir, das heißt unser Schub von circa zwanzig Mann, in dieser Weise verurteilt worden waren, -es war schon spät am Abend- verfrachtete man uns wieder in den Omnibus. Einer fehlte: Es war ein alter Herr aus Berlin, der dort lediglich als Luftschutzwart eingesetzt war und dem man wirklich kaum verbrecherische Handlungen hätte vorwerfen können. Wir warteten längere Zeit in unserem Bus. Schließlich wurde der alte Herr auch gebracht und wieder ins Gefängnis zurückgefahren; er war der einzig nicht verurteilte. (Später hat er auch noch seine fünfundzwanzig Jahre Zwangsarbeit „nachgeliefert" bekommen! Formlos, so im Vorbeigehen!)

Zeichnung: Detlef Putzar

Schachtlager

Im Gefängnis holen wir unser Gepäck, wobei bei mir die Spannung noch wuchs, als ich meinen Rucksack zunächst nicht fand. In einem schönen ehemaligen deutschen Omnibus, der noch bedeutend besser eingerichtet war als derjenige, der uns zum Tribunal gefahren hatte, wurden wir in das Lager 7270/1, das Schachtlager, transportiert. Nach einer gründlichen „Filzung" zwischen den Stacheldrahtzäunen wurden wir in das Lager entlassen. Nach den Gefängniswochen waren die begrenzte Freiheit innerhalb des Lagers und die Möglichkeiten, mit vielen lieben Kameraden zusammenzukommen, ein unfassbares Erlebnis, und wir fühlten uns wie freie Menschen.

Nach und nach kamen zu den 60 zuerst „Verurteilten" weitere in Einzelschüben ins Lager. Anfang Januar waren wir etwa 650 Soldaten und Offiziere.

Der russische Lagerleiter ließ uns zunächst in Ruhe; wir organisierten uns, wie wir es für richtig hielten. Dieser scheinbare Burgfrieden ist ein in den sowjetischen Lagerverwaltungen üblicher Trick, vor allem dann, wenn den betroffenen Menschen übel mitgespielt worden war, etwa, wenn man sie ungerecht behandelt hatte und wenn Unzufriedenheit drohte, zunächst nachsichtig zu sein, um sie nicht noch weiterhin zu reizen.

Wir taten was wir wollten, richteten uns eine deutsche Lagerführung nach unseren Grundsätzen ein und erreichten hierdurch eine saubere Wirtschafts- und Verwaltungsführung. Die Stalinbilder flogen durch die Barackenfenster in den Schnee, Lenin folgte auf gleichem Wege. Den Aktivisten wurden die Zähne eingeschlagen. Nach dieser Selbstreinigung fühlten wir uns etwas erleichtert. Unser Selbstbewusstsein war überdies nach den vorausgegangenen Akten der Rechtsverhöhnung erheblich gestiegen; wir fühlten uns mit einem

Mal moralisch den Sowjets überlegen, die ihre Justiz derartig zur Hure gemacht hatten.

Zunächst sangen wir daher jeden Abend in jeder Baracke stehend die dritte Strophe des Deutschlandliedes. Ich selbst ging Heilig-Abend und Sylvester mit dem evangelischen Geistlichen, Pfarrer von S., durch die Baracken und sprach nach seiner Ansprache das alte Goethe-Wort: „Feige Gedanken, bängliches Schwanken...“ sowie das alte Trutzwort aus den Freiheitskriegen: „Du sollst an Deutschlands Zukunft glauben...“. Wir konnten spüren, dass wir einer ganzen Anzahl Männer, die sich in dieser ihrer neuen verzweifelten Lage noch nicht recht hatten zurechtfinden können, doch etwas Kraft gegeben haben.

Im Frühjahr 1950 wurden ganz plötzlich ohne besondere Begründung einhundertfünfzig Verurteilte mit dem Bemerken abtransportiert: „Ihr müsst vergessen, was mit Euch geschehen ist; die Verurteilung war ein Irrtum, Ihr fahrt nach Hause!" Sie fuhren auch tatsächlich heim. Damit veränderten sich bei uns allen die Beurteilungen der Gerichtsverfahren und der Wert der verhängten Urteile. Witterten wir doch, dass dies alles eine politische Sache zu sein schien. Aber: wir hatten unsere fünfundzwanzig Jahre weg, und es war kein Anlass anzunehmen, dass wir sie nicht, oder nur eine gewisse Zeit absitzen werden müssten.

Leider bekamen auch die Spitzel innerhalb der Lagergemeinschaft wieder neue Hoffnungen und begannen ihre üble Arbeit von neuem.

Ich hatte mich gleich zu Beginn der Zeit im Schachtlager zu meinen Freunden in die Wäscherei geschlagen. Wir hatten mit Recht angenommen, dass früher oder später gearbeitet werden müsse. Als der Arbeitseinsatz dann begann, konnte ich in der Lagerwäscherei bleiben. Es war wohl eine anstrengende Tätigkeit, da ein Teil der Lagerbelegschaft in Kohlenschächten eingesetzt war und die Wäsche oft sagenhaft dreckig aussah. Aber man hatte in der Wäscherei zugleich Gelegenheit, sich selbst sauber zu halten - und unter den Offizieren herrschte dort eine gute Kameradschaft.

Ich brauchte nicht auf die Baustellen zu marschieren, was mir nach meiner Kniegelenksentzündung vom Jahre 1948 ohnehin nicht angenehm gewesen wäre. Allerdings erhielten wir Lagerarbeiter keine Entlohnung, während die Arbeiter auf den Baustellen oder im Schacht zum größten Teil Geld verdienen konnten. Für das Waschen von Privatwäsche nahmen wir grundsätzlich kein Entgelt.

Sommer 1950, wohl durch die psychische Überlastung, durch die Vorgänge im Spätsommer 1949 sowie durch die körperlich schwere Arbeit, bekam ich einen Mitralklappen-Schaden, den eine zum Glück vernünftige Ärztin, Nina Iwanowna, durch richtige, wenn auch schwach wirkende Therapien behandelte. Einer unserer deutschen Ärzte, Dr. Z, kontrollierte meinen Herzschaden. Im Laufe des nächsten Jahres gelang es mir, meine Lebens- und Arbeitsgewohnheiten diesem Schaden anzupassen und vielleicht dadurch wenigstens teilweise zu kompensieren.

Geistig konnten wir uns im Schachtlager vielfältig betätigen. Wie vorher, vervollständigte ich weiterhin, trotz der veränderten Verhältnisse, meine schwedischen Sprachkenntnisse. Ich gab Unterricht und Konversation, hatte als einziger im Lager, der skandinavische Sprachkenntnisse besaß, mehrere Schüler. In der Kulturarbeit war ich intensiver tätig als vor der Verurteilung, da ich zu der Überzeugung kam, dass die Vermittlung qualifizierten deutschen Kulturgutes, als dessen Interpret ich längst bekannt war, notwendiger denn je geworden war und vielleicht die einzige Brücke zur Heimat und unserer Kultur darstellen könnte. Ich arbeitete als Sprecher, Vorleser, Ansager bei klassischen Programmen und beteiligte mich an der Ausgestaltung und Durchführung von

Weihnachtsfeiern, Dichterlesungen usw. gemeinsam mit den Gleichgesinnten, Prof. M. und Joachim B. aus Wyk auf Föhr.

Obwohl die antifaschistischen Verräter wieder ihre Nasen, die man, wie oben geschrieben, blutig geschlagen hatte, erhoben, hatte das Aktiv nichts mehr zu sagen. Es bestand wohl noch, hütete sich aber, zum Vorschein zu kommen. Der Russe überließ uns im Allgemeinen die Ausgestaltung unserer Veranstaltungen und hat meines Wissens bei der Programmgestaltung kaum eingegriffen.

Die Bücherei des Schachtlagers war knapp und veraltet, doch fanden sich zum Glück einige Perlen klassischer Literatur. Gottesdienste fanden noch einige Wochen lang statt, dann verbot der Russe sie, trotz Hinweises auf das Recht freier Religionsausübung in der Sowjetunion: Uns stünde solches Recht nicht zu, war die Begründung. Trotzdem lebte auch die geistliche Betätigung. Man versammelte sich in kleinen Gruppen, und die Geistlichen schrieben die Texte auf Zementsack-Papier ab und ließen sie zirkulieren.

Im Sommer 1951 lockerte sich überraschend die disziplinare Beaufsichtigung merklich; seit dem 1. Mai hatten die Kriegsgefangenen nicht mehr in die Schächte einfahren müssen. Wir vermuteten schon eine günstige Entwicklung der Lage. Dem Russen gelang es, diese Stimmung auch durch eingestreute Bemerkungen, die er über seine Vertrauten glaubhaft zu machen verstand, zu bestätigen und in Fluss zu halten. Tatsächlich aber handelte es sich um eine auf lange Sicht vorbereitete Verlagerung aller deutschen Kriegsgefangenen aus den Gebieten Westrußlands fort in und hinter den Ural zum Arbeitseinsatz in den Bereich der Schwerindustrie.

„Lager Perwo Maj“-Strafzug

Im Juli wurden wir in ein aus Güterwagen bestehendes rollendes Gefängnis verpackt, einem sogenannten „Holzhammertransport“, sogenannt, weil bei jeder Station die Wände mit Holzhämmern abgeklopft wurden, um zu ermitteln, ob nicht irgendwelche Planken durch die Reisenden gelöst worden seien.

Diese Art des Reisens ist unbeschreibbar. Nach sechs Tagen Fahrt bei irrsinniger Hitze landeten wir, das heißt die Angehörigen des Schachtlagers im Raum Swerdlowsk in der Nähe des Lagers „Pervo-Maika“ (auf deutsch: „1. Mai“). Wir befanden uns in einem der größten Industriebezirke der Sowjetunion, wo seinerzeit ein großes Röhrenkombinat mit allen Zubringerbetrieben aufgebaut wurde.

Das Lager, in das wir marschierten, bestand aus einer abgeteilten Gruppe von noch nicht fertiggestellten Siedlungshäusern, sogenannten "Finnenhäusern". Diese Holzhäuser waren aus genormten Teilen gebaut und fassten etwa in jedem Haus zweihundert bis zweihundertvierzig Mann. Die Räume, in denen zehn Mann wohnen konnten, hatten Zentralheizung. Die Häuser selbst waren noch ohne Fenster und Türen. Wir begannen beschleunigt mit der Fertigstellung der Gebäude, damit sie noch vor Herbst bewohnbar würden. Der Marsch von der Bahn zum Lager war wie ein böses Spießrutenlaufen. Wir stellten mit Bestürzung fest, dass ganz offensichtlich von den Sowjets Propaganda gemacht worden war, damit man uns „Verbrecher“ gebührend empfangen würde. Nicht mißzuverstehende Gebärden deuteten darauf hin, dass man uns lieber aufgehängt oder erschossen gesehen hätte.

Ich ging wieder in die Wäscherei; mangels Gebäude vollzog sich der Waschbetrieb bei jeder Witterung im Feien. Amtsmüde, des Improvisierens überdrüssig, stellte mein ehemaliger Korpschef, Oberst von F., sein Amt als Wäschereibrigadier zur

Verfügung, und die Belegschaft übertrug mir diesen wenig dankbaren Posten. Anfang 1951, kurz nachdem der erste Schnee gefallen war, löste der Lagerkommandant, mich auch prompt ab, weil ich mich geweigert hatte, Invaliden ohne Rücksicht auf deren Geeignetheit zu dieser schweren körperlichen Arbeit in der Wäscherei einzusetzen.

Ich landete gemeinsam mit einigen anderen aus ähnlichen Gründen abgelösten Kameraden und solchen, die bereits in der Schachtlagerzeit den Russen unliebsam geworden waren, zunächst auf einer Baustelle. Dort war ich als Erdarbeiter tätig, dann als Zimmermann, Instrumentalschik (Werkzeugmacher), Werkzeug-, Geräte- und Materialverwalter sowie als Tischler, zugleich mit der Aufgabe, Werkzeuge herzustellen und gebrauchsfähig zu halten. Diese Tätigkeit war interessant, wenn auch etwas unruhig. Viel Geld brachte sie nicht ein. Aber die Zeit verging bei dieser vielfältigen Arbeit recht schnell.

Kurz nach Weihnachten wurden wir oben erwähnten, „unbeliebten Kantonisten“ sowie einige andere Kameraden in Erinnerung an unsere Missliebigkeit in einen besonderen „Zug“ zusammengefasst, der sich in Kürze einwandfrei als ein „Strafzug“ heraus kristallisierte. Dieser Zug musste unter anderem auch gegen jede ärztliche Entscheidung ausschließlich in schwerster Erdarbeit (im Winter!) eingesetzt werden. Wir drückten uns natürlich, wo wir konnten, und erleichterten den Russen keineswegs, unsere Tätigkeiten zu überwachen.

Straflager Dechtjarka

Anfang Februar wurde der gesamte Strafzug plötzlich zum Abmarsch aufgerufen und in das sogenannte „Regimelager“, also einem „Straflager“, Lagernummer 476/5, nach Dechtjarka verlegt. Dieses Lager gehörte zu einer Lagergruppe, die in einem Bergbau- und Industriegebiet am Ural lag (liegt) und den Produktionsbetrieben der Schwerindustrie Arbeitskräfte zu stellen hatte. Das Lager 5, eben dieses Regimelager, bestand aus einer Gruppe zweistöckiger Wohngebäude, die inmitten der Stadt gleichen Namens lag. Man hatte einfach einen Teil eines Straßenzuges mit hohen Holzplanken eingezäunt, einige Wirtschaftsgebäude hinzuerrichtet und so einen begrenzten, sehr engen aber ausreichenden Lagerbereich geschaffen. Die Belegschaft dieses Lagers war etwa 800 Mann;

als wir hinzukamen, stieg sie auf etwa vierzehnhundert.

Der Ort Dechtjarka liegt in einem schmalen, gewundenen Tal des Ural, eng umgeben von meist kahlen Höhen oder Felshängen, die sich von der Talsohle aus etwa zweihundert Meter erhoben. Wir konnten vom Lager aus auf einer der gegenüberliegenden Höhenrippen den „Asienstein" sehen, befanden uns also bereits im ostwärtig benachbarten Kontinent. Die Industrieanlagen erstreckten sich auf dem westlichen Ufer des kleinen Füßchens - Name unbekannt - es waren Schacht-, Stollen-, Hüttenanlagen und Geleise. Lange, rötlich-braune Erdhänge ragten weit ins Tal hinein, Abraumhalden der Kupferminen. Wir erfuhren, dass die Kupfervorkommen zu den reichsten der Erde gehören. Die Ausbeute war jedoch so schlecht, dass vor dem Zweiten Weltkrieg die USA begonnen hatten, die Abraumhalden zu kaufen, um sie noch einmal auszubeuten. Sie hatten auch bereits einige Gebäude, u.a. ein größeres Verwaltungsgebäude, errichtet, das nun als Schule diente.

Zu diesem Lagerbereich gehörten noch weitere Lager wie das Lager Rewda, in der Nähe einer Nagelfabrik, etwa dreißig Kilometer westlich, sowie das Lager Asbest, achtzig Kilometer nordostwärts von Dechtjarka gelegen. Verbindungen zu den Deutschen dieser Lager bestanden nicht.

Die Brigaden im Lager 5 waren in Schlosserei und Schmiede sowie im Hochbau eingesetzt. Seit Juni 1951 gab es für die Kriegsgefangenen keine Verwendung mehr unter Tage. Wir arbeiteten nun im Hochbau, errichteten Häuser, Heizwerke und als „Clou" einen großen Kulturpalast.

Der sowjetische Lagerkommandant, Major Popkow, gehörte der Elite des MWD - das heißt der MGB* an. Er gab sich gelassen, wusste, was er wollte,

---

* MGB: Ministerium für Staatssicherheit

und wusste auch, wie er die äußerst vielschichtige Belegschaft seines Straflagers bändigen konnte. Er hielt streng auf Disziplin, sorgte aber gleichzeitig dafür, dass wir auf den Arbeitsstellen ausreichend Material und Beschäftigung hatten, um unser Geld auch tatsächlich zu erhalten, das uns zustand. Er stand in enger Verbindung mit dem Ortssowjet und Leiter des Kupferkombinates, dem Genossen Akssionow, einem großen, schlanken, schwarzgelockten Mann mit gutgeschnittenem Gesicht, der von sich selbst behauptete, zu den Mördern des Zaren im nahe gelegenen Swerdlowsk - früher Jekatarinburg - gezählt werden zu sollen. Dieser Kombinatsdirektor wirkte in Popkows Sinne. Die Baustellen waren gut organisiert und selten fehlte Material. Ja sogar zwei Dutzend Fußballschuhe und -hosen sowie einen Ball stiftete Akssionow dem Lager und versicherte sich des Wohlwollens der Insassen, soweit sie Fußball-Fans waren.

Um so problematischer war das deutsche Lageraktiv. Es stand unter der Leitung eines korrupten, sächsischen Jungkommunisten von etwa zweiundzwanzig Jahren, der sich als zweiundertprozentiger Antifaschist aufspielte. Wir brachten ihn rasch zu Fall, nicht zuletzt weil er von Popkow Maßregeln gegen uns verlangte, als er am Morgen nach unserem Eintreffen im Lager alle bramarbasierenden Transparente zerfetzt auf Lagerstraßen fand. „Hab ich sie hingehängt oder Du?“ so soll Popkow lediglich gefragt haben.

Dass innerhalb des Straflagers noch ein Strafzug existierte, dessen Insassen -in der Masse sehr ehrenhafte Männer- hinter einer vier Meter hohen Planke eingeschlossen saßen, belastete uns, die sich „draußen“ in relativer Freiheit bewegen durften, stark. Etwa zweihundert Spanier brachten mit ihrem Temperament eine kräftige Belebung des Lagers und stellten überdies zwei Fußballmannschaften.

Trotz des scharfen Arbeitstempos, war die Atmosphäre im Lager nicht schlecht und auch der Gesundheitszustand der Gefangenen überraschend gut.

Als wir nach etwa einem Jahr, im Frühjahr 1952, das beengte Lager verlassen und in ein zwar auch nicht neues, aber weitläufiges, das auch einen Sportplatz besaß, umziehen durften, hatten wir mehr Bewegungsfreiheit und ausreichend Sonne und fanden es -vom Eingesperrtsein abgesehen-erträglich. Die Lagerinsassen arbeiteten auf einer Großbaustelle. Es wurde dort ein ganzer Stadtteil errichtet, etwa ein Dutzend Häuser, Kindergarten, Schule usw. Zur Baustelle war es nur ein kurzer Fußmarsch.

Die Verpflegung war ausreichend. Man konnte in einer Kantine zweimal in der Woche Zucker, Margarine, Tee oder Grieß kaufen und sich damit seine Kost verbessern. Überdies trafen die Pakete nun regelmäßig ein und erlaubten uns, nach der schweren Tagesarbeit noch länger aufbleiben zu können, sich geistig zu betätigen und mit Kameraden zusammenzusitzen, um zu philosophieren, ohne durch diese Verlängerung des Tages an physischer Substanz einzubüßen. Mehr gearbeitet wurde aufgrund der Pakete somit in keinem Falle, eher weniger, da man sich nicht so sehr nach dem Verdienst zu strecken brauchte, der einem etwas Zukost einbrachte.

Es dauerte lange, bis ich wieder eine Tätigkeit erhalten hatte, die meiner Gesundheit nicht all zu abträglich war. Zunächst arbeitete ich schwer in der Erde oder an anderen Stellen im Bau. Erst nach Ostern gelang es mir, wieder eine Verwendung, wie ich sie oben geschildert habe, zu bekommen und arbeitete wieder als „Instrumentalschick" in einer Baubrigade.

Ich hatte mir zwar zunächst vorgenommen, der Lagerbelegschaft und -führung gegenüber nicht besonders in Erscheinung zu treten, wurde dann aber doch wieder als Sprecher und Rezitator geholt. Ich tat dies gern in Hinblick auf das oben bereits Gesagte; vielleicht hatte im Maika-Lager die von mir inszenierte Weihnachtsfeier zu meiner Strafversetzung beigetragen, auch die „Schatzkästlein", die ich angeregt, vorbereitet und inszeniert hatte, mochten vielleicht den MWD-Offizieren nicht gefallen haben. Hier in Dechtjarka war das kulturelle und geistige Leben, nachdem die Kurland-Offiziere hinzugekommen waren, freier. Es war aber auch schwieriger unter den bisherigen Angehörigen des Lagers Interesse oder Bereitschaft für klassische Interpretationen zu finden, da die Kulturgruppe bis dahin sich im Wesentlichen der oft geschmacklosen leichten Muse gewidmet hatte.

So war es nach einigen Monaten einer Gruppe interessierter Kriegsgefangener, zu denen meine Freunde Ulrich S., Dirk M., und Heinz B. gehörten, gelungen, sich der Programmgestaltung dieser Kulturgruppe zu bemächtigen. Der Höhepunkt unserer Arbeit war die Aufführung des von meinen Freunden aus dem Englischen ins Deutsche übersetzten und nachgedichteten Shakespeareschen Lustspiels: „Was Ihr wollt". Die Aufführungen stiegen im Februar 1953 und hinterließen einen tiefen Eindruck bei den vielen, der gehobeneren Darbietung entwöhnten Kameraden, aber auch bei den einfachen Gemütern, die einen Shakespeare noch nie gesehen hatten und sich daher auch schlecht vorstellen konnten, was hierunter zu verstehen ist.

Frühjahr 1953 in Dechtjarka. Wir waren auf der Baustelle, wochenlang schon hatte es Bulletins gegeben über den Gesundheitszustand des erkrankten roten Zaren. Am 25. März entdeckte ich plötzlich, wie am nahegelegenen Dienstgebäude der Feuerwehr (einer staatlichen Institution) die rote Fahne gegen eine solche mit schwarzem Trauerrand ausgetauscht wurde. Stalin war gestorben. Die Unruhe bei den Russen war erheblich; sie ließen sich dies zwar nicht anmerken, jedoch wurden Zug um Zug die Posten auf den Türmen verstärkt, und MWD-Offiziere sowie Kommissare in Zivil schlichen überall herum, jedoch immer weit entfernt von den Gerüsten aus Angst, es könne ihnen etwas auf den Kopf fallen.

Am tiefsten traf der Tod Stalins die jungen Sowjetbürger, die sich die Welt ohne Väterchen einfach nicht vorstellen konnten. Die Unruhen um die Nachfolge betrafen uns jedoch wenig, das Leben im Lager ging weiter, ohne dass es irgendwelche erkennbaren Veränderungen gegeben hätte.

Etwa ein viertel Jahr später, am Montag, dem 1. Juni 1953, tauchte im Lager das Gerücht auf, es sei eine Kommission eingetroffen, die vorgab, die inneren Verhältnisse des Lagers zu überprüfen. Uns konnte gleichgültig sein, welche Motive diese Kommission zu uns geführt hatte. Wenn es nur keine nachteiligen Veränderungen geben würde.

Trotz der Gerüchte von einer nach Stalins Tod möglicherweise zu erwartenden Amnestie, von deren baldiger Bekanntgabe man schon munkelte, ergaben sich für uns nur undeutliche Anzeichen. Die kurzfristig Verurteilten unter uns, die wegen krimineller Delikte sich in der Sowjetunion befanden, oder solche, die als Kriegsgefangene bestraft worden waren, oder aus der Sowjetzone zum Strafvollzug in die Sowjetunion verschleppt worden waren, durften sich wohl Hoffnungen machen und hatten wohl auch einige Aussichten, unter eine Amnestie zu fallen. Wir „Politischen" hielten uns jedoch für wenig heimkehrverdächtig.

Dementsprechend waren wir nun auch bei den Vernehmungen, die diese Kommission sogleich begann, völlig ungeniert und schilderten die Lagerzustände ohne Rücksicht auf etwaige nachteilige Folgen ehrlich und ungeschminkt. Die Kommission erwies sich auch überraschenderweise als Meister im Einstecken. Ich war wenig entzückt darüber, als auch ich plötzlich zur Vernehmung vorgeladen wurde. Der Ton dieses Gespräches, das ich mit einem jüdischen Leutnant führte und welches etwa eine Stunde gedauert haben mag, war befremdlich freundlich. Ich wurde über Gesundheitszustand, Postzuteilung, Küche, ärztliche Behandlung usw. befragt. Ziele und tieferer Sinn der Vernehmungen waren uns allen jedoch völlig undurchsichtig. Selbst wenn ich etwas frechere Bemerkungen machte, blieb der Leutnant ruhig und höflich. Zum Schluss stellte er noch einige politische Fragen, die sich mit der Demokratie und ihrem Nutzen und Zweck befassten. Ich antwortete meiner Überzeugung gemäß, dass ich die Demokratie die vernünftigste Staatsform hielte, diese aber ein entsprechend gereiftes Volk voraussetzte und eine ehrliche Führung.

Nach Abschluss der Vernehmungen war ich jedoch genau so schlau wie vorher. War man sonst nach Vernehmungen stets einigermaßen sicher, herausgefunden zu haben, welches nun der Kernpunkt des Verhöres oder Gespräches war - diesmal gab es keine Anhaltspunkte, worauf der Vernehmende hinausgewollt hatte.

Im Lager blieb, nachdem die Kommission abgereist war, alles beim Alten. Etwa vierzehn Tage später, am Montag, dem 15. Juni, hielt man am Lagertor plötzlich eine größere Anzahl Kriegsgefangener, etwa hundertfünfzig (ein Viertel der Lagerbelegschaft) von der Arbeit zurück. Ich war auch unter den Zurückgehaltenen. Nach einer spannenden Pause von etwa einer Stunde, während der wir uns ratlos ansahen und überlegten, was wohl nun wieder Unerfreuliches auf uns zukommen würde, wurden wir auf den Sportplatz befohlen und man begann mit einer sorgfältigen Personalüberprüfung, wobei zu unsrer Überraschung wir erstmalig seit 1949 wieder mit Dienstgraden genannt wurden. Dann erhielten wir Anweisung, uns zu einer Verlegung fertigzumachen.

Welche Art dieser Transport sein würde, wohin er gehen solle, wurde nicht gesagt, jedoch meinte der deutsche Lagerführer, Oberleutnant R., man hätte allen Grund beruhigt zu sein, wenn man in diese Reihe Abtransportierter geraten wäre. Wir empfingen noch einige bei der russischen Lagerführung abgegebene Bekleidungsstücke und versammelten uns gegen Mittag am Lagertor. Wir wurden sorgfältig aus dem Lager herausgezählt, die Namen wurden ein letztes Mal verglichen und wir marschierten zum nahegelegenen Bahnhof. Es war mittlerweile später Nachmittag geworden. Unsere Kameraden waren während der Zeit unserer Abmarschvorbereitungen auf den Baustellen zurückgehalten worden. Wir haben ihnen nicht einmal zuwinken können.

(Zeichnung KOB)

Transport ins RTI-Lager

Am Bahnhof standen vier Waggons, in die man uns einsteigen ließ. Die Art der Verladung deutete auf einen günstigen Ablauf des Unternehmens hin: die Waggons waren nicht vernagelt! Wir fuhren sofort ab, durchquerten Swerdlowsk und wurden in dem Bahnhof des „Gummilagers“ ausgeladen. Von dort marschierten wir zu Fuß eine kurze Strecke in das kleine RTI-Lager*, wo wir von einer freudig bewegten Schar deutscher Kriegsgefangener empfangen wurden. Gleich am Tor traf ich auf meinen Freund Z., der mich, wie auch die anderen mit großem Jubel empfing. Es bestätigte, was wir inzwischen gewagt hatten zu hoffen: Wir fahren nach Hause! Schon am 20. Juni soll der Transport gehen. Anlass: Amnestie vom 25. März 1953, also Stalins Tod. Gleichzeitig ging die Parole, es handle sich hierbei um einen Renomiertransport, der unter der Führung eines russischen Generals nach Berlin gehen solle, wo er von Pieck und Grotewohl empfangen werden würde. Es würde einen ganz großen Bahnhof geben, der Zug wäre dementsprechend ausgestattet mit weißem Bettzeug, Pritschen und allem „Komfort“, den man bei dieser Art Transport erwarten dürfe.

In diesem RTI-Lager, das in der Normalbelegung etwa sechshundert Personen fassen konnte, versammelten sich im Laufe der nächsten Stunden 1089 Mann. Wir lagen gedrängt in Baracken, im Klubsaal und in Zelten. Ich hatte mir ein stabiles Zelt ausgesucht, in dem ich mit Freunden aus dem Lager Dechtjarka unterkroch.

Das RTI-Lager befand sich in unmittelbarer Nähe eines großen Bauobjektes, einer Gummifabrik, in der die Belegschaft dieses Lagers Hochbauten ausgeführt hatte. Aber diese Bauten und der Arbeitseinsatz interessierten uns überhaupt nicht mehr.

---

* Sonderlager an der Vulkanisierfabrik RTI

Lästig war lediglich, dass von dem nahe gelegenen Schlachthof Millionen von Fliegen jeden Tag zu uns über die Planken wechselten und sich auf unsere Lebensmittel und überall hinsetzten. In dem überfüllten Lager waren die hygienischen Verhältnisse überdies völlig unzureichend; hinzu kam die Hitze. Aber all dies kümmerte uns wenig: in zwei Tagen würden wir über alle Berge sein.

Aus mehreren Radioapparaten, die im Lager aufgestellt waren, klangen auch deutsche Nachrichten. Auch sowjetische Sender, die von denen, die russisch konnten, abgehört wurden, verkündeten beunruhigende Nachrichten. In der Sowjetzone musste irgendetwas geschehen sein. Was es genau war, ahnten wir noch nicht, die Nachrichten aber, die von dort kamen, sprachen von Unruhen und Aufruhr in der Bevölkerung.

So brach der 17. Juni herein. Die Nachrichten wurden immer beunruhigender. Hals über Kopf mussten sich die Österreicher zum Transport fertig machen und verließen unser Lager. Sie wurden, wie wir später erfahren haben, mit ihren Pullman-Güterwagen an einen D-Zug angehängt und in Eilfahrt nach Südosten, nach Österreich abtransportiert. Gegen Abend des 17. Juni wurden die Nachrichten aus der Sowjetzone bedrohlich. Nach allem, was dem Radio zu entnehmen war, musste dort eine Art Revolution stattgefunden haben, sogar vom Einsatz von Panzern war die Rede. Im Lager wurde heftig diskutiert, alle Möglichkeiten wurden erwogen, Schlussfolgerungen, die sich für unsere nahe Zukunft ergeben würden, wurden gezogen. Am Abend des 17. Juni war uns klar, dass sich irgendetwas an der gesamten Heimkehrerprozedur geändert hatte. Die Lagerführung stoppte die Ausgabe von Geld und Wertsachen, auch weitere Vorbereitungen wurden eingestellt. 1089 Mann gerieten in fieberhafte Aufregung. Wir hören Tag und Nacht Nachrichten ab. Die Lage spitzt sich zu. Wir verfolgen, soweit die Nachrichten hierüber bruchstückhaft Auskunft geben können, den Verlauf des Aufstandes und – das Ende. Niemand von der Lagerführung spricht mehr vom Transport, kommentarlos werden die Vorbereitungen völlig eingestellt.

Zehn Tage später, als ob nichts geschehen wäre, beginnt die sowjetische Lagerführung unsere Belegschaft zum Arbeitseinsatz einzuteilen, und tatsächlich am elften Tage, am 28. Juni, gehen wir wieder zur Arbeit und zwar anstelle unserer mittlerweile in andere Lagerbereiche verlegten ursprünglichen Bewohner/Kameraden des RTI-Lagers auf die Baustellen, die zu diesem Lagerbereich gehörten. Es versteht sich von selbst, dass wir für irgendwelche produktive Arbeit keinerlei Lust mehr verspürten. Die Russen quittierten diese Indifferenz durch sanften, jedoch allmählich sich verstärkenden Terror. Schlechte Arbeiter wurden in den Karzer eingesperrt, die Dauer der Strafen erstreckte sich auf acht bis zehn Tage Arrest. Man machte sich bereits Gedanken, dass wohl mit einer langfristigen Verschiebung des Abtransportes gerechnet werden müsste. Gleichzeitig aber können wir mit gewisser Beruhigung feststellen, dass die Lagerführung an den Heimfahrerlisten offensichtlich nichts mehr ändert; selbst hartnäckige Bummelanten bleiben im Lagerbereich, die Gruppe bleibt zusammen, keiner der 1089 Gefangenen wird aus dem Lagerbereich abgezogen. Es wird nervenzerreißend.

Wir hausen in den überbelegten Baracken und Zelten, die Versorgungseinrichtungen sind für diese hohe Kapazität so gut wie völlig unzureichend, es gibt keine Kantine, das Essen ist nicht besonders gut. Ein Teil der Kameraden verbraucht die ausgezahlten Rubel bereits durch Zukauf von Lebensmitteln, um sich bei Kräften zu halten: An einen Verdienst während dieser Arbeit ist natürlich nicht zu denken, es scheint sich um eine reine Beschäftigungstheorie bei den Russen zu handeln. So vergeht der Juni, so vergehen die ersten Tage des Juli. Plötzlich am 10. Juli, wird es wieder lebhaft im Lager. Es scheint wieder loszugehen. Erneut wird Bekleidung empfangen, man sieht auch wieder Waggons im Bahnhof auftauchen, die nach Transport aussehen. Die bekannten Vorbereitungen laufen an, Wasserfässer werden herausgefahren, Brennholz eingestapelt, Verpflegungsportionen sieht man im Magazin fertig gemacht zu werden - so berichten es diejenigen, die die Verpflegung ins Lager holen. Die Stimmung im Lager hat bereits wieder einen erfreulichen Höhepunkt erreicht, als eine neue, niederschmetternde Nachricht uns erreicht: der Chef der Sicherheit der UdSSR, Berija, ist als „Verräter" entlarvt und, wie man munkelt, bereits liquidiert worden. Wieder gerät alles im Lager in helle Aufregung. Die Nerven sind bis zur Unerträglichkeit gespannt. Wieder werden alle Vorbereitungen zum Heimtransport unterbrochen, wieder müssen wir auf die Baustelle ausrücken. Diesmal drängen wir die russische Lagerführung, sich zu dieser erneuten Verschiebung zu äußern. Sie antwortet, dass man wohl noch acht bis zehn Tage warten müsste, bis sich die Dinge beruhigt haben würden.

„Ihr werdet bestimmt nach Hause fahren, ich, ein General, garantiere es Euch!", so verkündet ein sowjetischer General in voller Kriegsbemalung den beunruhigten Kriegsgefangenen, was sich in der nahen Zukunft abspielen würde. Doch wir sind skeptisch, wieweit diese Nachricht glaubhaft ist, und unser Misstrauen wächst, als wir zehn Tage später erfahren, dass dieser General inzwischen gehängt worden ist. Aus den acht bis zehn Tagen werden drei, vier Wochen, nichts geschieht. Wir gehen weiterhin auf die Baustelle. Schließlich beginnt die „Operativ-Abteilung" wieder mit Vernehmungen. Zweifel kommen bei uns auf: Werden wir etwa nun wieder hinsichtlich unserer Geeignetheit, nach Hause geschickt zu werden, infrage gestellt? Immerhin hatte Berija uns ausgewählt. Berija ist liquidiert – wird man nun das Heimfahrerkontingent erneut durchleuchten und etwa als in den Augen der neuen Regierung besonders suspekt aussondern? Die Möglichkeit, ja die Wahrscheinlichkeit ist groß. Wir rechneten damit, dass das Heimfahrerkontingent erneut gesichtet und durchgesiebt wird, andere statt uns auf die Heimfahrerliste gesetzt werden. Auf der Baustelle setzt schon deutlich Druck ein.

Der Juli vergeht. Im Lager bricht die Ruhr aus, weil die hygienischen Verhältnisse einfach auf die Dauer unerträglich geworden sind. Die bereits erwähnten Millionen Fliegen haben ihre Aufgabe gelöst und uns mit Krankheiten infiziert. Das Lager wird unter Quarantäne gestellt. Wir wissen genau, wie lange eine solche Quarantäne dauern wird. Es ist Mitte Juli, acht Wochen Quarantäne wird man rechnen müssen, Mitte August, Mitte September! Und das in diesen beengten Verhältnissen; tiefe Depression macht sich im Lager breit. Manche fangen an, zu resignieren. Die Gespräche innerhalb der Gefangenen drehen sich nur um das eine Thema: fahren wir noch oder fahren wir nicht mehr? Es ist eine Atmosphäre, die sich nicht beschreiben lässt. Viele Kameraden haben ihre letzten Rubel bereits verbraucht; hinzuverdient wird nichts, es gibt keine Entlohnung für die Arbeit. Gleichzeitig drückt der Russe auf unsere Arbeitsleistungen und macht über jeden, der schlechte Arbeit vollbringt Meldung. Alles ist wieder wie es vorher war!

Wir arbeiten auf dem RTI-Objekt wie einst und je, da man nicht mehr zu glauben wagt, dass wir doch noch einmal heimfahren würden. Ich arbeitete wieder als Tischler und Zimmermann, stellte Verschalungen im Kesselhaus des RTI-Werkes her, wurde als Stuckateur eingesetzt und verputzte die Decke des fünfzehn Meter hohen Kesselhauses, auf einer schmalen Bohle balancierend. Als letztes malerte ich auch noch und kalkte Wände und Decken.

Man ließ uns Holz hacken; es sei für den Transport, wurde uns bedeutet, aber niemand glaubte es. Schließlich wurde die Arbeit auf dem RTI-Objekt knapp und man bildete neue Brigaden, die auf andere Baustellen fuhren. So wurde ich eines Tages mit etwa 20 Gefangenen zu einem Arbeitskommando eingeteilt. Unsere Aufgabe war es, einen hohen Bretterzaun zu setzen, dem man ansah, dass er eine „Zone" für ein neues Bauobjekt werden würde. Zu dieser Baustelle fuhren wir etwa eine Stunde vom RTI-Lager nach Westen, vorbei an einer hohen Skisprungschanze, einem turmähnlichen Gebäude und an einem angefangenen, riesigen Fabrikobjekt, von dem gesagt wurde, es sei bereits vor zehn Jahren begonnen, aber dem Verfall vor seiner Fertigstellung preisgegeben.

Am 9. September wurde ich, obwohl völlig unbeteiligt, in eine Disziplinlosigkeit eines sehr jungen Kameraden verstrickt und mit einigen anderen Kameraden zu drei Tagen Karzer bestraft. Der Straftenor lautete jedoch glücklicherweise: „Weil die Norm nicht erfüllt wurde und nur zehn bis fünfzehn Prozent der Arbeit geleistet worden war."

Modell eines Karzers im Gulag-Museum

Das beruhigte uns einigermaßen, denn es war uns bedeutend angenehmer, wegen nicht erfüllter Norm eingesperrt zu sein als wegen Widerstandes gegen sowjetische Bauführer.

Am 12.9. erhielt ich weitere sieben Tage Arrest, weil ich - in solchen Dingen kundig - aus dem Karzerfenster ein Scheibchen herausmontiert hatte, damit die uns zugedachten Gaben der Freunde in unsere Zelle hineingelangen könnten. Das Fensterscheibchen war dicht neben dem Platz, aus dem ich es herausmontiert hatte, auch, weil wir in der engen Zelle Luft brauchten, durch Unachtsamkeit zerbrochen. Man sah in mir den „Saboteur", und so saß ich, nachdem alle Kameraden entlassen waren, am 15.9. noch in der Zelle - allein. In der Nachbarzelle saß ein Soldat, der einen schweren Einbruchdiebstahl begangen hatte und später auch nicht im Transport mitgenommen worden ist.

So saß ich denn allein in meiner Zelle. Gleichzeitig drangen die Nachrichten in den Karzer, dass am kommenden Sonnabend, meinem letzten Hafttag (wenn alles gut geht, wenn nicht noch neue Karzerstrafen verhängt würden!) der Transportzug abfahren soll. Und ich wurde unruhig: wird man sich meiner erinnern? Werde ich vielleicht nun doch noch vom Transport zurückgestellt? Was wird mit mir geschehen? So im letzten Augenblick durch die Torheit eines anderen, eines unreifen Bürschchens, zurückgestellt werden zu müssen vom Transport und irgendwo hier bleiben zu müssen, das war eine doch belastende Vorstellung.

Ich verbrachte die Tage und Nächte im Karzer allein mit Ohrwürmern, Spinnen und Asseln in einer unbeschreiblichen Unruhe und Sorge. Am 17. September lässt der Operativchef mich frei. Im Lager, wo man meine Inhaftierung mit Interesse und bangen Überlegungen verfolgt hatte, löst meine Entlassung Freude aus.

Die Entlassungsaktion 1953

Im August 1953 war die sowjetische Regierung erstmals bereit, mit einer anderen Regierung über die Repatriierung deutscher Gefangener zu verhandeln. In Abkehr von ihrer bis dato verfolgten Politik, jede fremde Initiative abzulehnen, empfing sie eine Delegation der DDR, die für die Freilassung aller Deutschen eintrat. Die Regierung der DDR verfolgte hierbei ein gesamtdeutsches Interesse, ohne sich vorher mit der Bundesrepublik abgestimmt zu haben. Der am 21. August 1953 ausgehandelte Vertrag, der als „Modus“ bezeichnet wurde, ermöglichte die Freilassung der ersten 1.116 Gefangenen im September 1953, bis Anfang 1954 kamen 10.093 kriegsverurteilte Soldaten in Freiheit. [Qu. [5] S. 115ff.]

Nun laufen die Transportvorbereitungen auf Hochtouren, und es hat wirklich den Eindruck, als ob nichts mehr störe. Es ist inzwischen winterlich kalt geworden, auf den Zelten liegt der Schnee, in Pelze und Decken versteckt schlafen wir auf Holzpritschen in den Zelten. Es sind nur wenige, die es darin ausgehalten haben, außer mir und einigen Kameraden; die Masse ist in die Enge der Baracken geflohen und nimmt lieber die schlechte Luft und Unruhe in Kauf als die Unbequemlichkeit einer früh-winterlichen Nacht im Zelt.

Am 21.9. rollt der Transportzug in die Nähe des Lagers. Am 22.9. in der Frühe beginnt man uns aus dem Lager heraus zu den Waggons zu führen. Gegen sechzehn Uhr ist die Beladung des Transportzuges beendet und der Zug setzt sich aus dem RTI-Gelände in Bewegung. Die Türen sind offen, die Posten sind ohne Waffen, die Pritschen in den Waggons sind mit Strohsäcken belegt, für je fünfundfünfzig Mann in einem großen „Pullman" Güterwagen. Es ist der seit Jahren erträumte Augenblick. Langsam rollt der lange Güterzug aus dem vergitterten Bereich des Lagers heraus. Schweigend blicken wir auf die hinter uns verschwindenden Wachttürme und Drahtzäune. Niemand winkt, kein Rufen, kein Jubel. Im Lichte der untergehenden Septembersonne verschwindet und versinkt der Lagerbereich RTI und der Turm der alten Katharinenfestung, der Burg Katharinas der Großen, in der Nachmittagssonne. Es geht heim!

Pullman Güterwaggon Züge

Auf der Grundlage des Leih- und Pachtgesetzes (US-Titel: An Act to Promote the Defense of the United States), das vom US-Kongress am 18. Februar 1941 verabschiedet worden war, unterstützten die Vereinigten Staaten die gegen die Achsenmächte (Deutschland, Italien, Japan) kämpfenden Staaten mit kriegswichtigem Material wie Waffen, Munition, Fahrzeugen, Treibstoffen, Nahrungsmitteln und Flugzeugen. Die UdSSR war einer der Hauptempfänger und erhielt Lieferungen im Gesamtwert von fast 11 Mrd. US-Dollar. Nach den zunächst erfolgreichen Eroberungen der Wehrmacht konnte die UdSSR so vor dem wirtschaftlichen Zusammenbruch bewahrt werden. Zu den Lieferungen gehörten auch große Mengen an Eisenbahnmaterial, wie ca. 1.900 Lokomotiven, Schienen und Güterwaggons, sog. Box-Cars der US-Firma Pullman-Standard Car Manufacturing Co.. Das Programm des Leih- und Pachtgesetzes lief zwar im August 1945 aus; das amerikanische Eisenbahnmaterial prägte aber in den folgenden Jahrzehnten weiter das Bild des sowjetischen Schienenverkehrs.

Heimfahrt: Durch die UdSSR, Polen und die DDR

Anfangs verläuft die Fahrt recht gemächlich mit zahlreichen Aufenthalten auf der eingleisigen Strecke, die über Swerdlowsk, Kasan nach Moskau führt. Wir sitzen in den offenen Türen, betrachten interessiert die Bahnanlage und die Landschaft des sich allmählich entfernenden Ural und verfolgen mit Interesse die vollautomatische Blocksicherungssignalanlage, die uns bis Minsk begleiten wird.

Die nächtliche Durchfahrt durch Moskau hinterließ bei jedem von uns einen tiefen Eindruck. Aber es ist mehr das Grauen vor diesem Moloch, diesem Herzstück des sowjetischen Riesenreichs, das für uns der Inbegriff der Seelenlosigkeit darstellt. Dort also, irgendwo im Dunste der Mitternacht, sitzt im Kreml, dessen rubinrot leuchtende Sterne bis zu uns hinüber an die Bahnanlagen ihr Licht senden, sitzt der Mensch, der irgendwann die Akte Nummer 499 "Behrendt, Karl-Otto-Paul" an irgendeinem Augenblick so beurteilte, dass er sie auf den Stapel legte: „darf heimfahren"! Vielen von uns gingen diese Gedanken durch den Kopf, während wir auf das schwarze Wasser der Moskwa und die graubraunen Mauern des Kreml starrten, die sich im mitternächtlichen Dunkel der frühwinterlichen Nacht undeutlich erkennen ließen, während wir auf den hohen Brücken durch die Stadt fuhren Richtung Westen.

Dies kann nicht Zufall sein oder blindes Spiel eines Schicksals, so dachten viele, so dachte ich, es ist sicherlich Fügung, der man sich getrost anvertrauen darf, Fügung, die in den vergangenen Jahren so vielfach und so deutlich zu spüren gewesen ist.

Hinter Moskau wird das Tempo unseres Transportzuges schneller. Oft brausen wir, begleitet vom

Im 2. Weltkrieg in den USA gebaute sowjetische Güterzuglokomotive der russischen Baureihe E (heute im Museum in Ussuriysk / Wladiwostok)

Geheul der riesigen Dampflokomotiven, die wir „Sibirische Lok" getauft hatten, mit Schnellzuggeschwindigkeit gen Westen.

Am 30. September fahren wir, ebenfalls bei Dunkelheit, durch Warschau. Es gibt hart westlich Warschaus einen kurzen Aufenthalt und Wilfried von Z. zeigt mir die Stelle, an der in seiner Nähe Generaloberst Freiherr von Fritsch gefallen ist.

Um 21:30 Uhr desselben Tages erreichen wir die Deutsche Demokratische Republik - wie sich dieser Teil der Heimat nun nennt. Wir hatten miterlebt, wie sich unsere sächsischen Aktivisten mit dieser Neuschöpfung zu identifizieren begannen. Nicht alle: die Angst vor dem System, das so anders als das der UdSSR wohl kaum sein könnte. Hier, in der Sowjetunion waren diese Kavaliere nützlich gewesen, als Spione, Spitzel, „Antikameraden". Wir hatten sie gemieden. Nicht alle. Einige hatten bereits in den Lagern bemerkt, was fremd sein und bleiben würde, in einem Deutschland, das „sowjetisch" sein muss.

Kurz vor der Grenze ein Stopp, knallend wurden die Türen, offen seit Swerdlowsk, zugemacht, von außen! Der Zug rollte verriegelt über die Grenze zur DDR. Wir erspähten ein paar Grenzsicherungsanlagen, mehr nicht. Als er bald danach immer langsamer fuhr, schließlich im Schritt-Tempo, wurden von außen die Riegel zurückgeworfen. Rasch schoben wir, die wir begierig warteten, die Türen auf: Hbf. FRANKFURT a.d.O. ...

Die Atmosphäre gleicht einem deutschen Bahnhof im Kriege in tiefer Nacht. Nur ein paar Krankenschwestern, einige Volkspolizisten, die mit steinernen Gesichtern den Bahnsteig absperren. Wir schieben die Türen weit auf. Kaum einer wagt es auf den heimatlichen Boden hinauszutreten. Ist dies Deutschland? Der Bahnhof gleicht eher einer Zufahrt zu einem Gefangenenlager. Es herrscht Dämmerlicht, trübe, schmutzige Lampen. Neben mir in der Türe stand Paul S. Er warf einen kurzen Blick in die Runde, breitete die Arme weit und mit großer Geste aus und rief in die fast totenstille Bahnhofshalle: „Blumen, Blumen, nichts als Blumen." Dieser Trompetenruf löste die Spannung, breites Gelächter erscholl aus den anderen Waggontüren. S. kletterte aus dem Waggon -wir anderen auch- und näherte sich höflich lächelnd einer der beiden miteinander herumstehenden jungen und ganz niedlichen uniformierten Rotkreuz-Schwestern. „Ach, bitte, meine Damen, haben Sie vielleicht eine Tablette, ich habe solches Kopfweh!" Die Schwestern begannen in ihren Täschchen zu kramen, erfolglos und verlegen. S. half: die Umhängetaschen waren leer! „Ach," versicherte S. verbindlich „das dachte ich mir doch! Sie sind gar keine Schwestern, -ich hatte auch kein Kopfweh!" und verschwand. Es erwies sich bald, dass zwei alte Rot-Kreuz-Schwestern die „echten" waren und sich auch sogleich in der traditionellen Bereitwilligkeit unserer Älteren annahmen.

In den Treppenaufgängen standen einige Herren in weißen Kitteln. Sie wurden -Regiefehler- von den VOPO-Posten zackig gegrüßt - jedenfalls nicht so wie man einen Doktor zu grüßen pflegt. Ein Doktor würde auch eher geschmeichelt reagiert haben, sicherlich auch in der DDR. Diese „Ärzte“ winkten beinahe ärgerlich aber, wie sie meinten, unauffällig ab.

Was aber fällt Menschen nicht alles auf, die fast ein Jahrzehnt „bewacht“, „kontrolliert“, „bespitzelt“ und betrogen worden waren!

Mit den Lokführern sprachen wir ein paar Worte. Sie waren recht ungeniert, gaben zu, sie würden während des Hin- und Herfahrens doch eine Vielzahl Möglichkeiten haben, dies oder jenes zu vermitteln. Sie seien „Experten“ und hätten mehr Freiheiten, könnten sich mehr herausnehmen als andere. Sie kamen uns in ihrer Selbstsicherheit vor, als ob sie so eine Art exterritoriale Sonderstellung hätten. Dass die Ärzte Politoffiziere seien, bestätigten sie mit dem Zusatz: „nehmt Euch vor diesen Typen in Acht!“

Das war der Empfang in dem Teil Deutschlands, der sich für demokratisch und normal ausgab!

Der Güterzug wurde dann auf einen Güterbahnhof gefahren, wo auf dem gegenüberliegenden Gleis ein Personenzug stand. Es wurde bekanntgegeben, dass diejenigen, die in der Sowjetzone bleiben wollten, bereitgestellte Lastwagen besteigen sollten und nach Frankfurt an der Oder hineinfahren würden; diejenigen, die nach Westen weiterfahren, sollten den Personenzug besteigen. Wir verfolgten mit Bewegung, wie unsere ostzonalen Kameraden hier vor eine schwere Entscheidung gestellt wurden: sollten sie bleiben, sollten sie zurück in ihre Heimat oder sollten sie nicht doch lieber nach Westen mit uns weiterfahren, wo ihnen die wirkliche Freiheit winkte.

Viele unserer Kameraden entschlossen sich im letzten Augenblick noch, in den Transportzug gen Westen einzusteigen, darunter auch mein Freund, der Schmiedegehilfe Ewald, der kurz und bündig erklärte:

Freigelassene Kriegsgefangene auf dem Bahnhof Frankfurt (Oder) / Gronenfelde (Mai 1949)

„Ich kann die Schnauze doch nicht halten, in wenigen Wochen sitze ich wieder hinter Gittern!"

So kletterten wir, die wir in die „Westzonen" fahren wollten, in den bereitgestellten Personenzug mit den altvertrauten Waggons und kamen uns erstmalig wie „Reisende" vor – bisher waren ja Güterwagen unsere einzigen Transportmittel gewesen und offene Lastkraftwagen. Der letzte Bus, in dem wir gefahren worden waren -sehr unfreiwillig- war der, der uns vom Gefängnis ins Tribunal verfrachtet hatte, mit grau übermalten Fensterscheiben. Das war vier Jahre her.

Auf der anderen Seite stand noch immer der Transportzug, in dem wir in Swerdlowsk aus dem Lager gerollt waren. Nachdenklich betrachteten wir die Waggons, die so lange Ziel aller Wünsche gewesen waren.

Die Kameraden, die in die Ostzone heimkehrten, halfen sich gegenseitig auf die Lastkraftwagen hinauf, die zur Weiterreise von den Behörden zur Verfügung gestellt worden waren; für diese Menschen schien sich wenig zu ändern. Es war beklemmend für uns, wie wir sie abreisen sahen.

Einige winkten. Einer sprang plötzlich vom fahrenden Lkw mit hohem Schwung herab, den Holzkoffer in der Rechten. Der Koffer krachte aufs grobe Bahnhofspflaster und ging zu Bruch, der armselige Inhalt platzte heraus. Hastig las er alles zusammen. Er eilte auf den Personenzug zu: „Und wir fahren dann an unsrem Haus vorbei - Scheiße! Aber es hat keinen Sinn!“ Die Begleitpersonen -Bahnbeamte?- drängeln, es geht los.

Wir fahren durch Deutschland. Unsere Heimat und doch keine Heimat, kein Vaterland -. Es geht zunächst nach Süden, wohl um von Berlin Abstand zu halten. Lübben, Torgau, Leipzig wird nördlich umfahren, Halle, Naumburg, Bad Kössen: „an der Saale hellem Strande“, dies Lied fällt mir ein. Aber so „hell“ ist das alles nicht, was wir da sehen, während der Zug übers platte Land rollt. Kaum Menschen sind unterwegs, nur einige wenige warten an den Schranken; sie geben kein Zeichen von Freude oder nur Teilnahme. Sie starren grußlos auf die vorbeirollenden Waggons, aus deren offenen Fenstern - es ist ein herrlicher Spätsommertag geworden - glückliche Menschen herausschauen, Männer, die sich freuen, die winken. Aber, das passt nicht hierher, haben wir das Gefühl. Einer von uns kommt auf den Gedanken, von den mitgeführten Kleidungsstücken einiges herauszuwerfen, den an den Schranken wartenden, bewegungslosen Menschen direkt vor die Füße. Das bringt Leben in die Gruppen, man bückt sich, winkt dankend dem Zug nach: „Die müssen im Lager bleiben“ bemerkt einer von uns. „Vielleicht können sie die Klamotten verscherbeln“. „Die werden sie selbst tragen, sieh dir doch mal ihre

Garderobe an! Wie unsre!“ stellt ein anderer fest.

Durch die Bahnhöfe der Städte geht es mit hoher Fahrt. Die Bahnsteige, an denen wir vorbei donnern, sind leer. Ab und zu entdecken wir einen Volkspolizisten, der wohl an dieser Leere mitgewirkt hat. Weimar - Gotha: plötzlich hält der Zug. Mitten im Bahnhof! „Wie lange halten wir?“ wird gefragt. Die Lokführer grinsen. „Unbekannt! Technischer Halt - vielleicht eine Viertelstunde.“ Anscheinend ist dieser Halt nicht eingeplant. Kein Vopo, keine Absperrung. Trotzdem sehen wir auf dem Bahnsteig keine Menschenseele.

Rasch wagen wir einen kleinen Ausflug auf die offenen anderen Bahnsteige durch die Unterführung hindurch. Dort trafen ein Freund und ich auf eine junge Frau, die ein Netz mit Spielwaren in der Hand trug und auch sonst gepflegt und gut gekleidet aussah. Wir nahmen an, dass sie wohl zu den oberen Fünfhundert gehören könnte und sprachen sie kurzerhand an. Sie war sehr freundlich und erklärte sich auf unser Bitten bereit, unseren Angehörigen Telegramme zu schicken, damit sie auf unsere Ankunft vorbereitet werden würden. Die Telegramme sind dann auch tatsächlich angekommen.

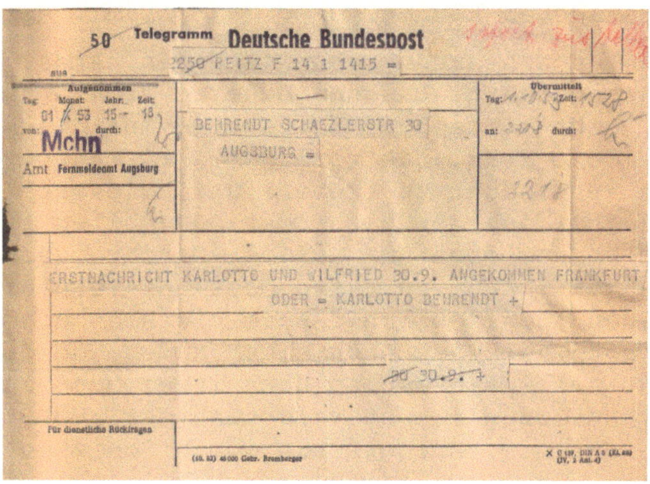
50 Telegramm Deutsche Bundespost

2250 REITZ F 14 1 1415 =

Aufgenommen
Tag Monat Jahr Zeit
01 X 53 15 - 18
von: Mchn durch:
Amt Fernmeldeamt Augsburg

BEHRENDT SCHAEZLERSTR 30
AUGSBURG =

Übermittelt
Tag: Zeit: 1528
an: durch:

ERSTNACHRICHT KARLOTTO UND WILFRIED 30.9. ANGEKOMMEN FRANKFURT ODER = KARLOTTO BEHRENDT +

30.9. +

Für dienstliche Rückfragen

Wir trafen am späten Nachmittag, es war wohl schon dunkel, in Eisenach ein, wurden aus dem Zuge ausgeladen und erreichten einen Lagerbezirk, der von sowjetzonalen Behörden bewacht und betrieben wurde. Dort gaben wir unsere sowjetischen Kleidungsstücke ab und erhielten einen zwar ausgezeichnet geschneiderten, aber aus billigem Stoff gefertigten Zivilanzug und ein paar Zivilschuhe. Da wir aus den Paketsendungen bunte salonfähige Hemden besaßen, konnten wir uns einigermaßen vernünftig anziehen und kamen uns schon gleich wieder ganz menschlich vor.

Man fand kaum Schlaf in dieser ersten Nacht in Deutschland. Gegen 11 Uhr am nächsten Morgen, die Zeremonie des Umkleidens hatte sich für viele die ganze Nacht hindurch hingezogen, rief man uns auf, und der Abtransport in die Bundesrepublik begann. Mit Kraftwagen der Polizei, sogenannten Überfallkommandowagen, uralter Provenienz wurden wir an die Grenze gefahren.

Während der sehr umständlichen Prozedur des Einsteigens in die Bereitschaftswagen, die uns vom Lager an die Grenze bringen sollten, kam es noch zu einer bemerkenswerten Konfrontation zwischen uns und Volkspolizisten, die leicht schlecht hätte ausgehen können.

Einige von uns saßen schon im Wagen. Andere wurden herangeführt. Langsam näherte sich uns eine junge, sehr einfach gekleidete, sympathische und bescheidene Frau. Sie versuchte, mit uns irgendwie in Verbindung zu treten, uns, die wir eigentlich selbst aus der Sicht der DDR völlig freie Bürger waren, eben nur auf der Durchreise. Sie wagte nicht, laut zu rufen oder uns vernehmbar anzureden. Schließlich fasste sie sich ein Herz und fragte halblaut nach einem Namen, ob der bekannt sei - sie schien nach ihrem Mann zu forschen. Unverzüglich stürzte sich der „VOPO"-Posten auf sie, drängte sie durch Schieben weg und begann heftig auf sie einzureden. Wir schnappten Wortfetzen, wie „Volksfeinde“ auf, mit denen sie nicht sprechen dürfe.

Nun wurden wir in dem Wagen rebellisch und begannen mit Zurufen, auf den Posten einzuwirken: Ob denn das die berühmte sozialistische Freiheit sei, er solle die Frau in Ruhe lassen, wenn sie mit uns sprechen wolle! Wir würden uns beschweren! „Wer ist denn überhaupt Ihr Vorgesetzter? Holen Sie den mal ran“ und ähnlich wurde gerufen. Patzig erklärte der Posten: „Mein Vorgesetzter ist der Genosse Pieck!“ „Ha“ klang es aus der Tiefe des Wagens „Der Pieck? Den kenne ich, gut sogar. Dieser Bursche ist dein Chef?? Gratuliere! Ich war mit ihm ein paar Jahre lang im Lager. Damals hat er sich von mir 15 Rubel gepumpt! Die habe ich nie wieder gesehen.“ Das war dem Posten zu viel; er kam auf den Wagen zu und rief wütend: "Wer hat das gesagt? Wer hat unseren Parteiführer beleidigt?“ „Wir alle“, kam es aus der Tiefe des mit einer Plane überspannten Innenraums, aus dem Dunkel dort zurück, „Wir sind ein Kollektiv, hier herrscht nach bewährtem Muster Kollektivmeinung! Wie bei Euch auch.“

Da ich vorn an der Ecke der besseren Aussicht wegen meinen Platz hatte, richtete der Posten seine Wut plötzlich auf mich und herrschte mich an, auszusteigen, zerrte bereits an meinem Arm. Ich fuhr ihn an, er solle mich in Ruhe lassen und sich dorthin auf seinen Postenplatz scheren, wo er hingehöre! Hier habe er keine Aufgabe, hier habe er nichts verloren! Der Posten, dem dieser Ton irgendwie bekannt vorkam, trollte sich verärgert, winkte aber einen untersetzten Herrn zu sich heran und redete heftig auf ihn ein, dabei auf uns zeigend.

Der Mann kam langsam auf uns zu. Wir wiederholten unseren Ärger darüber, dass die junge Frau nicht mit uns sprechen dürfe. Ob wir denn Verbrecher wären? Der Herr winkte die Frau zu uns heran, sagte ihr: „Bitte, fragen Sie, was Sie wollen.“ und zog sich ein paar Schritte zurück.

Mit Tränen in den Augen erkundigte sie sich nach ihrem Mann, der auch noch draußen sei. Leider konnten wir ihr nicht helfen; der Name war keinem bekannt. Traurig ging sie weg.

Bald danach, als der Wagen vollbesetzt war, rollten wir nach Westen. Der Posten grollte hinter uns her. Wie lang die Fahrt war vom Platz vor dem Lager bis zu dem Ziel „Grenze“, vermag ich nicht zu sagen.

Es mögen einige Kilometer gewesen sein, als der Konvoi anhielt und wir veranlasst wurden, mit Sack und Pack, Bündel und Holzkoffer auszusteigen. Einige Schritte entfernt die Grenze: Stacheldraht, Wachttürme. Ein Holztor, wie wir es von der Sowjetunion her kannten. Bretter, Balken, Sowjetstern. Irgendeine Inschrift - was kümmerte sie uns.

Das war also die Grenze von Ost-Deutschland. Und am Tor zur Freiheit, am Durchlass durch die Stacheldrahtverhaue der Sowjetzone, an einem Tor, das verteufelt dem eines Kriegsgefangenenlagers in der Sowjetunion ähnelte, erwarteten uns sowjetische Offiziere. Es war uns also klar, dass der Lagerbereich praktisch von Swerdlowsk bis hier an die Grenze der Bundesrepublik reichte. Die gleichen Gesichter, die gleichen Uniformen, das gleiche Verhalten - es war noch alles das gleiche. Drüben die Freiheit.

Wir standen vor dem letzten Tor. Auf großen Tischplatten waren lange Listen festgeheftet. Hinter diesen Listen saßen uniformierte Sowjetsoldaten, hinter diesen standen breitgebaute Sowjetoffiziere mit den bekannten blauen Mützen und MWD-Uniformen. Uns stand im letzten Augenblick doch das Herz still, und wir hatten Sorgen, ob wir diese letzte Verlesung heil überstehen würden. Es war wie eine Befreiung, deren

Endgültigkeit uns nun erstmalig klar wurde, als der Name aufgerufen wurde und man mit Gepäck und allem nach Westen abwanderte.

Ein letzter Blick auf die Listen, auf die Sowjets, zurück in das geliebte gequälte ostzonale Deutschland, und wir wanderten einige hundert Meter nach Westen auf einer Landstraße, die einer jeden Landstraße in Deutschland ähnelte, noch im herbstlichen Bunt, von Sonne durchflutet, duftend und wundervoll frei.

Grenze der DDR bei Ecklingerode in den 1950er Jahren

In der Heimat

Etwa nach dreihundert Metern Fußweg, der uns wie ein köstlicher Spaziergang vorkam, stießen wir auf eine Kolonne modernster Omnibusse mit Plexiglas-Kuppeln, bunten, leuchtenden Farben, mit Aufschriften der Inhaber, die Fahrzeuge geschmückt mit Blumen wie zu einem Festausflug. Uns stiegen die Tränen in die Augen, als wir diese Gebilde sahen, die auf uns warteten. Die Fahrer begrüßten uns freudig und forderten uns zum Einsteigen auf, überschütteten uns mit Äpfeln, die bereits von der Bevölkerung in die Omnibusse hineinverfrachtet waren, bevor sie sich hier aufstellten.

Bald war der gesamte Transport durchgeschleust; niemand war festgehalten worden. Die Kolonne setzte sich in Bewegung. Es war eine Triumphfahrt ohnegleichen. An den Straßenrändern erwarteten uns die Menschen und winkten, in den Dörfern standen sie an den Straßen Kopf an Kopf, sie hatten Stühle herausgestellt, Tische, Leitern, um die vorbeifahrenden ehemaligen Kriegsgefangenen sehen zu können. Man winkte, man warf Blumen, man jubelte, es war unbeschreiblich und für uns fast überwältigend. Wir saßen in unseren Omnibussen, wir winkten, wir wagten kaum zu glauben, dass dieses Wirklichkeit war. Dass bei einer Rast mir noch mein ehemaliger langjähriger Melder, mein Bursche Herrmann S., in die Quere lief, der als gutgekleideter Landpolizist diesen Konvoi begleitete, war der Höhepunkt der Überraschung. S. hat dann auch meine Schwester in Kassel noch am selben Abend aufgesucht und ihr meine Ankunft mitgeteilt.

In Friedland trafen wir gegen Nachmittag ein und wurden von Abgeordneten der Deutschen Bundesrepublik, Bundesarbeitsminister Storch sowie von Abgeordneten der niedersächsischen Landesregierung begrüßt.

Aufnahme- und Grenzdurchgangslager Friedland

Das Lager in Friedland war im September 1945 von der britischen Besatzungsmacht auf dem Gelände der landwirtschaftlichen Versuchsanstalt der Universität Göttingen zur Aufnahme der deutschen Flüchtlinge aus dem Osten eingerichtet worden. Es bestand aus ehemaligen Stallgebäuden, Baracken und Nissenhütten. Die Lage des Lagers am Schnittpunkt der Grenzen der britischen, amerikanischen und sowjetischen Zonen und an der Bahnlinie Hannover – Kassel war für die Aufnahme hunderttausender Vertriebener und entlassener Kriegsgefangener ideal. Insbesondere durch den Empfang der letzten Spätheimkehrer 1955 wurde der Ruf des Lagers als „Tor zur Freiheit" geprägt. Seitdem ist das Lager Anlaufstelle für Flüchtlinge, Spätaussiedler und Asylsuchende; aktuell wird es durch das Land Niedersachsen als Erstaufnahmeeinrichtung betrieben.

Das Grenzdurchgangslager Friedland Mitte der 1950er Jahre

Dabei entdeckte mich mein ehemaliger Armeechef, General a.D. von Grolmann, seinerzeit Staatssekretär im niedersächsischen Innenministerium. Er holte mich aus der Masse heraus und stellte mich unter anderem Minister Storch und den Vertretern der Regierungen und Kirchen vor. Hierbei begrüßte mich Storch mit den Worten: „Sie waren Major i.G.? Dann wissen Sie ja wohl, dass Sie sich bei der Dienststelle Blank melden sollten, denn wir brauchen erfahrene Offiziere!“

Ich hatte weder von der Dienststelle Blank eine Ahnung, noch die geringste Vorstellung darüber, dass man etwa wieder Offiziere brauche. Ich fragte General a.D. von Grolmann und er erklärte mir, dass es sich hierbei um eine Dienststelle handele, die die neue Armee aufbaue. Er empfahl mich einigen seiner bekannten Offiziere, ich versprach ihm, die Dienststelle Blank in Bonn sobald es gehe aufzusuchen.

Noch am Abend dieses Tages, mitten in der Erfüllung aller Formalitäten einschließlich eines kurzen Gesprächs mit dem CIA, tauchte plötzlich mein Schwager, Carl-August K., auf, der mir verkündete, er wäre mit seinem Wagen hier, um mich abzuholen. Dabei teilte er mir gleichzeitig mit, dass meine Großmutter am 25. September verstorben sei. Man wäre noch, so sagte er in Augsburg unter dem Schatten dieses Trauerfalles versammelt und er sei rasch hinaufgefahren nach Friedland, mich zu holen, da ein Telegramm meine Ankunft mitgeteilt hätte.

So vollzog sich der Abschied von meinen Kameraden fast zu überstürzt und beschränkte sich auf einige kurze Händedrucke und das Versprechen, sich nicht aus den Augen verlieren zu wollen.

....

Am 4. Oktober also, an „meinem zweiten Geburtstag“, betrat ich das erste Mal dieses Zimmer, in dem ich nun diese Zeilen niederschreibe, der Raum, in dem meine Großmutter wenige Tage vorher verstorben war. Es ist Mitternacht. Nebenan schläft meine geliebte Mutter, die Tag für Tag und Nacht für Nacht auf mich gewartet und sich um mich gesorgt hatte. Die Welt ist neu, ein neues Leben beginnt, das Bündel der Erlebnisse, das diese achteinhalb Jahre mir beschert haben, werde ich nie wieder los werden. Es ist etwas, was mich immer begleiten und meine mir noch verbleibenden, mir wiedergeschenkten Lebensjahre grundsätzlich bestimmen wird. Das Wesentliche aber, was diese Jahre mir geschenkt haben, ist zu wissen, was wirklich Freiheit ist. Und diese Erkenntnis gewonnen zu haben, dafür sind achteinhalb Jahre nicht zuviel.

Augsburg, am 1. Januar 1954

(Portraitzeichnung des Mitgefangenen Gerritson)

Verse aus der Gefangenschaft 1945 – 1953

Die Verse finden sich als Anhang zur ersten Fassung des „Kurzen Berichts“ und sind in der Zeit der Gefangenschaft verfasst worden. Sie sind jeweils den Jahren zugeordnet und spiegeln so auf sehr persönliche Weise das Erleben, das Denken und die Gefühle.

1945 Kaminlied

Leis verlöscht der Flammen Glühn,
Mitternacht ging längst ins Tal,
einsam sitzen am Kamin
Du und ich zum letzten Mal.

Sag ein Wort nur, gib die Hand mir,
bald schon trennt uns das Geschick,
Glückes Stunden
bald entschwunden,
niemand gibt sie uns zurück.

Heimlich glitzern Abschiedstränen
in der Gluten letztem Schein,
der Erinnerung stilles Sehnen
immer wird es in uns sein.

(Übersetzung eines lettischen Volksliedes)

1945 Gruß

Weicher Wind die Gräser küsst,
die so sanft sich an mich schmiegen,
die Gedanken, losgelöst
mit dem Winde heimwärts fliegen.

Nehmt ihr Wolken diesen Kuss,
nehmt ihn mit geschwinde,
sagt, es sei von mir ein Gruß
meinem blonden Kinde – .

1946 Zeit

Zeit – einst kaum genug für meinen Willen
wird zum Selbst. Es kommen viele
Tage, die das Jahr nur zögernd füllen
oder unbemerkt entschwinden im Gewühle.

Nichtigkeiten quellen zu Problemen,
Großes, Heiligstes wird roh verschüttet,
Seelenkräfte siehst Du bleich entströmen,
und was fest stand einst, es wird
zerrüttet.

Ohr, Geruch und alle Sinne
stumpfen ab in Nacht und Massen –
Mach ein Ende, Zeit, zerrinne!
Eile, Zeit, Du musst dich selber hassen!

Dennoch fühlst Du, kannst es kaum
begreifen,
dass auch diese Zeit ein Höh'rer lenkt,
fühlst im tiefsten Innern stets reifen
und die Kraft, die Dir die Zeit geschenkt.

1947 Das Letzte

Frei standen wir in junger Liebe Licht
und sahen unsre Augen nur
und senkten Blicke in die klaren Fluten,
in denen heil'ge reine Schlüssel ruhten,
und immer reicher wurde uns Natur,
das Wunder, das aus allem Leben spricht.

Ehrfürchtig dankend tauchten wir in diese
Welten
und hoben jene Schlüssel, jene reinen,
und Tag und Nacht begann sich zu vereinen:
Es glomm von Perlen auf von ungezählten.

1947 Angst

Wie ist es, wenn Dein Licht erlischt,
wenn leis die letzte Stunde schlägt,
wenn dann Dein Wille fortgewischt
Und sich Dein Herz zum Schlafe legt?

Es gleitet wie ein heißer Traum
Das ganze Leben Dir entlang -
Es weitet sich ein großer Raum -
Und ein klein wenig wird Dir bang.

Der weite Raum wird hell und schön,
es wiegt Dich in der Weite Licht
und schwellend trägt Dich sanft Getön –
Du selber aber fühlst es nicht!

Du denkst noch einmal „Herrgott, Halt! -
Ich will noch nicht so bald von hinnen,
Ich habe Angst! - Der Ruf verhallt -
Du kannst dem Raume nicht entrinnen!

Versuchst noch einmal Dich zu heben -
Du siehst ganz plötzlich Weib und Kind,
Die Menschen alle, die im Leben
die liebsten Dir gewesen sind.

Ein Augenstern, groß klar und blau
sieht tief und ernst in Dich hinein:
Du atmest glücklich: "Kleine Frau!
Wie schön, ich bin doch nie allein!“

Wo bin ich fragst Du ahnungsvoll,
doch alle Angst ist fortgeweht!
Ein weites Land, Du siehst es wohl,
Doch schnell nach unten es entflieht.

Es leuchtet hell und warm vor Dir
Die Arme breitest weit Du aus
„Oh - Gott - Ich komme, hilfst Du mir?
Ich möchte Ruhe, will nach Haus.“

Beseelt von Glück löst sich Dein Sein,
Es schwingt hinein in Licht und Schall,
Du fühlst Dich frei, doch nicht allein -
wirst körperlos, bist Welt - bist All.

1948 Ein Tag noch ...

Woher ich kam – ich weiß es nicht,
weiß nur in meinem Sinn,
weiß nur in meiner Augen Licht,
im Zweifeln, dass ich bin.

Ich weiß, dass ich die Wege geh,
die alle Wesen wandeln,
ich fühle alles, Lust und Weh:
Ich bin! Drum muss ich handeln!

Doch wenn es um mich Abend wird,
seh ich ein Tor sich nahn,
es rückt näher, unbeirrt
tagtäglich kommt's heran.

Noch ist sie zu, die dunkle Tür:
Tod heißt sie, Starre, Nacht,
ich weiß schon, was ich dann verlier,
wenn meine Zeit vollbracht.

Doch weiß ich, diese Nacht wird Licht
und wieder werd' ich sein!
Bin im Großen Weltgericht
ganz einsam, ganz allein!

Werd ich bestehn? Was frag ich bang?
Mein Leben auf der Erd
es ist wohl einen Tag noch lang:
Sei dieser Tag es wert!

1948 Zum Geleit

Woher ihr kamt – ich mag es nicht zu sagen,
ihr standet plötzlich vor der Seele mir.
Ich sah euch staunend, oft mit bangem Zagen
und zweifelnd brachte ich euch zu Papier.

Da steht ihr nun, seid arme kleine Kinder,
die einz'gen noch, die mir die Zeit
geschenkt.
Geht euren Weg! Ach, wir sind alle Sünder
und werden alle einst ins Grab gesenkt.

„1949"

Viele Monde lang
mein Herz zersprang
in Kummer und in Sorgen.

Viele Monde lang
lag auf mir bang
die Scheu vor jedem Morgen.

Mir bracht die Zeit
doppeltes Leid.
Viele Nächte lag ich wach
und sann und sann:
Mein Herz dran zerbrach?

„1. April 1950"

Nun breite, Seele, wieder deine Schwingen
und zieh zu neuem Fluge in den Raum.
Was dir versagt, kannst du nicht erzwingen,
was du erlebt, war schöner als ein Traum.

Dein Schicksal wie das ihre formt die Zeit
mit schweren Schlägen, dass das Herz
erzittert,
Dein Schicksal wie das ihre formt das Leid:
Tragt es nun beide, stark und unverbittert.

Wenn die Gedanken zärtlich rückwärts tasten,
wenn siedend heiß die Sehnsucht in dir
quillt,
dann stemm dich heiter unter diese Lasten
und laß das Sehnen, Suchen, Lieben
ungestillt.

Was du erlebt, sei's Freude, sei's erlitten,
sei's höchste Lust, sei's bittre ernste Not,
es ist Besitz! In deines Wesens Mitten
trägst du's mit dir, den Weg bis in den Tod.

In deinen Kreis getreten und entschwunden
sind Menschen und Geschicke zahlenlos.
Du sahst sie leiden, sahst sie gesunden,

sahst sie in Glück und Unglück, schwach und groß.

Nun ist's an Dir! Es raunt aus Gründen, Grüften,
es ruft Dir zu aus Bächen, Seen, Flüssen,
es singt aus Wolken, schwebet in den Lüften:
Ruf der Natur aus ihrem ew'gen Wissen.

Du bist ihr Teil! In deinen Erdentagen
wird sie dir geben, wie es dir gebührt.
Du kannst es, wenn du willst, ertragen.
und wenn du fällst – sie bleibt ungetrübt

Sei glücklich, dass du würdig und erlesen,
die großen Dinge dieser kleinen Welt
zu sehn. Du wirst genesen
und danken Ihm, der überm Sternenzelt!

Und sie, die nun den Kreis verlassen
in den sie trat, ihn durch sich selbst zu weihen
ich will sie ehren ohne Harm und Hassen,
und bitten, Gott möge ihr verzeihen.

1951 Heimat

Wo breitgefügte Giebel schirmen,
was schwere Hände sorgsam bauten
und auf zu wuchtig ernsten Türmen
schon unserer Väter Augen schauten,
da schmeckt die Erde selbst nach Korn
und wetterharte Wipfel rauschen
uns Heimat, die wir ferne lauschen
Und tiefer dringt der Sehnsucht Dorn.

1952 Aufstieg

Ragender Gebirge Kämme,
Schroffen, sonnbeglänzte Firne:
Deines Schicksals Bürde stemme
und dem Sturm weis deine Stirne.

Aufwärts, höher führt der Pfad:
Achte nicht der Steile,
raste nicht noch weile,
scheue nicht Geröll noch Grat.

Einsam stehst du über Schluchten,
Blickst auf Gipfel, Felsen, Wände;
brennen auch zeriss'ne Hände
jauchzt das Herz nach dem Gesuchten.

Fandest Du das Langersehnte?
Bitterer Verlust
nagt in Deiner Brust:
Heil'ges Leid krönt das Erlebte.

1953 Frühling

Sonne, dass du Wärme hast
hätt' ich fast vergessen!
Hast zu lange eingeglast
hinter Eis gesessen.

Hat denn heute dich befreit
einer Meise Lied?
Träumend sitz ich voller Freud,
singe leise mit.

Nachwort

Wie zu lesen steht: der KURZE BERICHT wurde in der Urfassung Ende Dezember 1953 niedergeschrieben. Anlass zu dieser literarischen Kraftübung war eigentlich die Bemerkung eines Verwandten, dem ich - auf seine Frage hin - einige Einzelheiten von dieser langen Zeit, auch von den „Verurteilungen", von den „Gerichtsverfahren" geschildert hatte. Dieser Verwandte hatte mit skeptischer Aufmerksamkeit zugehört, mich dann jedoch zur Seite genommen und mit verzeihendem Unterton gesagt: „Hör mal, mein lieber KOB, Deine Schilderung war ja recht interessant, es ist eben die Darstellung nach außen hin! Mir aber kannst Du doch offen sagen, was wirklich los war: Was hast Du wirklich für Kriegsverbrechen getan? Mein Gott, ich war ja auch Soldat und habe Verständnis für dies oder jenes. Und es ist ja auch nun lange her und all das ist weitgehend vergessen. Also: Was waren die tatsächlichen Gründe für dein Todesurteil? So ein Urteil verhängen doch wohl nicht einmal Russen ohne Anlass und Fakten!"

Man mag mir glauben, dass ich über diese Frage tief empört war und innerlich kochte. Ich hatte mir nicht vorstellen können, dass ein Bundesbürger im Jahre 1953 - nicht nur Vater von 3 Söhnen, auch durch Heirat Fabrikbesitzer - derart unwissend sein könne und dass seine Kenntnis von den östlichen Nachbarn so dürftig sein würde, dass er sich „Derartiges nicht vorstellen könne". Damals im November 1953, an diesem schönen noch warmen Herbsttag in der Sonne oben auf dem Johannisberg über Bad Nauheim, wo mir diese Frage gestellt worden war, kam mir der Gedanke, eine Art Mini-Memoiren herzustellen, die ich, falls mich wieder jemand derart penetrant, vielleicht auch aus wirklichem Interesse, fragen sollte, wie weiland der Dichter Balduin Bählmann bei Wilhelm

Busch dann flugs aus der Tasche ziehen könnte. Auch, um lange Redereien zu vermeiden. Ende 1953 war der KURZE BERICHT dann fertig.

....

1981 arbeitete ich einige Ergänzungen ein, die dazu beitragen sollen, die ja möglichst knapp gehaltene Schilderung etwas zu „kolorieren", ohne dabei in Lyrik oder Schwärmerei zu verfallen beim Ausmalen. Aber ein bisschen Atmosphäre gehört meiner Ansicht nach dazu. 1958, in Hamburg, war dann auch die Sammlung „KALEIDOSKOP" entstanden.

Atmosphären oder Stimmungen sind schwer zu beschreiben. Episoden sind dabei hilfreich. Unmöglich ist es allerdings, Gerüche zu schildern. Und dabei sind die Geruchserinnerungen die stärksten! Man muss sie sich also vorstellen: die Gerüche von überfüllten Baracken, muffigen Höhlen, in denen wir in verschiedenen Lagern hausten, von Küchen, in denen gräuliche Eintöpfe zusammengemanscht wurden, die dann doch so ungeheuer appetitlich - das heißt: „erstrebenswert" rochen! Dann der Geruch russischer Büros, in denen wir vernommen wurden, der penetrante Machorka-Gestank (dabei schmeckte das Zeug gar nicht übel!). Unvergesslich der Duft des frühlingsgrünen Waldes, in dem wir arbeiteten, unauslöschbar der Duft des frisch geschlagenen Holzes, des noch warmen Harzes und der herbe Geruch brennenden Birkenholzes - Erinnerung auch an die schwedischen und Kurländer Kamine. Ganz fehlte - vielleicht zu unserem Glück - der Duft einer schönen, jungen, gepflegten Frau -! Halt, es gab eine Ausnahme: die Kittelschürzen der Ärztinnen und Schwestern. Sie kamen mit der Wäsche aus dem Sanitätsbereich in die Wäscherei, der Brigadier übergab sie mir zum Waschen, vielleicht, weil ich hierzu die meiste Geduld aufbrachte. Wenn diese Kittel dann zum Einweichen in dem glitschigen nach roher Kernseife riechenden

Holzbottich eintauchten, entstieg der Bütt plötzlich ein absolut „ortsfremder" Geruch, ein winziger Hauch eines Parfums. Alle Mitwäscher hoben die Nasen und schnupperten auch. Das war dann eine Weile ein Gesprächsthema.

Soweit also ein paar Bemerkungen zur äußeren Form des KURZEN BERICHTS.

Was den Inhalt betrifft: Immer wieder bemühe ich mich, die Kaltherzigkeit, die Arroganz und politische Selbstsicherheit zu verstehen, mit der die Sowjets ihre Justiz zu diesem grotesken Missbrauch verwendeten und vorspannten. Als ob es keinerlei Instanz gäbe, die über dies Verfahren je würde Rechenschaft fordern: Sie, die Sowjets sind die oberste Instanz, sie, die Partei, „hat immer Recht". Sie selbst sind das Gesetz; und wenn ein Gesetz fehlen sollte, dann wird es rasch geschaffen. Und dann ist es da und sakrosankt. So einfach geht das. So fürchterlich einfach.

Jedoch, es ist nicht gut, einen ablehnenden Standpunkt, Abneigungen, woher sie auch kommen mögen, zu zementieren. Neue Generationen werden heranwachsen. Altes wird vergessen oder in anderem Lichte gesehen. Und der Christ soll Vergebung üben.

Auch wenn wir, wie es scheint, für lange Zeit die „Klassenfeinde par excellence" sind und bleiben werden, diejenigen Feinde, über die kürzlich in einer DDR-Jugendsendung (!) gesprochen wurde mit der erschreckenden Schlussfolgerung: „Wo wir nicht sind, da ist der Feind!" (Zitat Ende, sagt man heute). Wir wollen uns so gern freimachen von Voreingenommenheit, von übertragenen Urteilen, von traditionell-scheinenden Aversionen; - bei unseren westlichen Nachbarn längst kein Problem mehr! Warum machen es uns die Sowjets so schwer, mit ihnen „normal" zu verkehren? Auch mit den jüngeren Generationen?! Aber, solange die geistige und die militärische Weltbeherrschung den Kern des Lebensgrundsatzes der Sowjetunion darstellt, dürfen wir nicht dümmlich-anbiedernd herbeischleichen: Wir würden Hohn ernten und unsere verteidigungs- und bewahrenswerten Güter verlieren.

Schade.

Das Kapitel, das im KURZEN BERICHT behandelt wird, ist damit abgeschlossen -

Was kam danach -?

Im Jahr 1953 wurde der November zu einem Wendepunkt. Erstens: in beruflicher Hinsicht. Ich war dem Rate Minister Storchs gefolgt und hatte in Bonn der Dienststelle Blank einen Besuch abgestattet. Dort hatte man in der großen Offizierpersonalliste nachgesehen und mir bestätigt, dass es mich gäbe. Ich war verdutzt darüber und im Begriff, dies Verfahren degoutant zu finden. Aber dann wurde mir erklärt, dass sich eine Unmenge völlig unbekannter Zeitgenossen melden und mit ihren Kenntnissen und Erfahrungen protzen würden, die eben gerade noch am Kriegsende Nothauptleute geworden waren. Aber solche „Landsknechtstypen" wolle man nicht mit dem Aufbau von Friedensstreitkräften beauftragen. Gesucht sei der Fachmann, der gereifte Soldat, der, dem es gelungen ist, umzudenken und die Armee anders zu sehen, als dies die Haudegen (nichts gegen die Tapferen!) mit ihrem schmalspurigen Denken allein vermögen.

In diesem ersten Gespräch wurde der Wunsch geäußert, ich solle mich doch der neuen Armee wieder zur Verfügung stellen, zumal ich noch „frei sei". Aber, so riet mir ein guter Freund, es sei völlig ungewiss, wann man hierfür Personalstellen haben werde, ich solle mir einen Job suchen, der auch in der Zukunft Chancen bieten könne, ohne Rücksicht auf die mögliche Verwendung in der Armee.

Seither gingen die Gedanken um eine Wiederverwendung im alten Tätigkeitsfeld nicht aus meinem Kopf. Im Grunde wollte ich nicht mehr in eine Armee eintreten, nie wieder Soldat werden, gleich welcher Staatsform sie angehören würde. Ich spürte den Vorwurf, den Horst Ehmke dann 1981 zynisch so formulierte: „Immer tapfer, immer gehorsam, immer das Vaterland verteidigen, egal ob Kaiserreich, Drittes Reich oder Demokratie".

....

Aber, dahinter stand und steht noch heute - immer wieder infrage gestellt - die Frage nach dem Sinn einer Verteidigungsfähigkeit im Atomkrieg. In vielen Gesprächen reifte mein Urteil weiter heran. Ich sah doch die Aufgabe für den Fachmann als eine Verpflichtung an, - ob man mich gebrauchen könnte, wann, wie, wo, das war gleich.

Zunächst blieb ich in Augsburg. ....
Zwischendrin Reisen - wir hatten einen Freifahrschein der Bundesbahn bekommen - zu Freunden und Verwandten von zurückgelassenen Kameraden. Und während einer solchen Reise - und das ist das zweite Ereignis, das den „Wendepunkt" bestimmte, lernte ich ... meine Frau kennen. ....

Es war Anfang 1955, als von Bonn eine Anfrage kam, ob ich in der „Armee ohne Namen", der späteren Bundeswehr mitzuarbeiten bereit wäre. Ich sagte zu ... und am 16. November 1955 wurde ich wieder Soldat. Am selben Tage kam unser erster Sohn zur Welt ...

Zweiter Teil

Russisch-deutsches Kaleidoskop*

Ein Wort vorweg

Die Episoden und Beobachtungen, die hier im „Kaleidoskop" geschildert werden, ereigneten sich zwischen dem 8. Mai 1945 und dem 3. Oktober 1951, der Zeit, die die Offiziere der Heeresgruppe Kurland – zu denen ich als Ia einer Frontdivision gehörte - in sowjetischem „Gewahrsam" zubringen mussten. Dass die Ereignisse wahrheitsgemäß aufgezeichnet wurden, unmittelbar nach meiner Rückkehr aus dem Ural, haben mir viele Freunde aus dieser Zeit, Kameraden, Leidensgenossen, bestätigt. Kleine Irrtümer sind korrigiert.

Mit der Niederschrift wurde noch im November 1955 begonnen. Ich habe viel an Stil und Form basteln müssen: In den 8 3/4 Jahren eingeschränkter geistiger Betätigung hatte auch die Ausdrucksfähigkeit gelitten...

Ein Versuch, diese Episodensammlung zu veröffentlichen, scheiterte 1970 daran, dass man

* Kaleidoskop Motiv: KOB

meinte, diese Art der Schilderung des Lebens in der Sowjetunion - noch dazu „ganz unten" - passe nicht in die politische Landschaft. Nun vollzieht sich gegenwärtig in dem Staat des sozialistischen „Fortschritts" eine deutliche Wandlung; diese ist mit dem Namen Gorbatschow und mit zwei Begriffen verbunden:

- „Glasnost": Durchsichtigkeit, Öffentlichkeit und
- „Perestroika": Umbau, Wandlung.

Die Sowjetführung und die Bürger wollen sich lösen von dem, was sie in der Vergangenheit als „Wahrheit" kennzeichneten - und was eben doch ein ständiger Selbstbetrug war. Die Vergangenheit soll „durchsichtig" werden, man will Fehler nachträglich erkennen, das korrupte Führerkorps ablösen; doch da gibt es noch den Parteikader, will dieser auch??

Die Zukunft soll gegenüber dem Vergangenen gewandelt werden, das sowjetische Volk soll in allen Ebenen vertrauenswürdig, ja sogar ehrlich werden. Das wäre auch hinsichtlich der Außenpolitik, aber auch für das Leben innerhalb der Sowjetunion eine fast nicht vorstellbare Veränderung.

Das Kaleidoskop zeigt die Gegensätzlichkeiten auf, unter denen wir leben und uns behaupten mussten, tagaus, tagein - - wie eben in diesem Guck-Rohr die bunten Steinchen durcheinander fallen, mehrfach gespiegelt dabei überraschend vielfältige, bunte Bilder bilden. Diese Gegensätzlichkeiten faszinierten mich und waren Anlass zum Schreiben. Damit soll auch der Sowjetunion und ihrem gegenwärtigen Streben zur Wahrheit genützt werden.

Bad Godesberg, März 1987

Karl-Otto Behrendt

Anfang

Die Kapitulation verlief im Grunde reibungslos. Es waren Vereinbarungen getroffen worden zwischen uns und der „anderen Feldpostnummer". Die Truppen wurden entwaffnet, bildeten Marschgruppen zu einhundert Mann mit je einer Feldküche und drei Gepäckwagen. Auf Nebenwegen zogen die geschlagenen und doch nicht besiegten Verbände in guter Ordnung nach Süden. Nach einigen Aufregungen setzen sich auch die Marschgruppen „meiner" Division, der Division z.b.V. 300, von Sowjetsoldaten bewacht in Bewegung.

Nun waren die Pferde lange Zeit nicht quer-beet gegangen und auf den im Mai noch aufgeweichten Wegen unsicher und unruhig. Überdies wiesen die von den Sowjets festgelegten Routen oft keine Brücken auf, wohingegen die Gewässer schon randvoll waren. Einer meiner Offiziere bemühte sich nun durchaus fachmännisch, das Durchschreiten der oft weichen Furten zu unterstützen. Er nahm die Vorderpferde am Kopfstück und lief den Gespannen voran, die Rösser hinter sich herziehend. Diese überwanden dann rasch ihre Scheu vor dem Wasser, und das Durchschreiten der Gewässer klappte.

Die russischen Posten sahen interessiert zu. Da trat der sowjetische Konvoi-Führer, ein Kapitän, an mich heran mit der Absicht, etwas mitteilen zu wollen. Ich rief meinen treuen Dolmetscher G. herbei, der die letzten Tage der Kapitulation und bei den unaufhörlichen Gesprächen mit den Russen kaum zur Ruhe gekommen war und sich eigentlich nur von Schnaps und rohen Eiern ernährt hatte (er war Lette und bangte um sein Schicksal).
„Verbieten Sie dem deutschen Offizier, da bei den Pferden persönlich Hand anzulegen!" forderte der Kapitän.
„Und warum?" ließ ich fragen.
„In der Roten Armee darf ein Offizier so etwas nicht tun."
„Und warum dürfen ihre Offiziere das nicht?" ließ ich fragen.
„Es schadet der Disziplin der Roten Armee." war die überraschende Antwort. Ich sah den jungen Russen erstaunt an:
„Ach, das ist ja interessant" ließ ich G. ihm antworten. „Aber Sie werden verstehen, dass mich die Disziplin der Roten Armee absolut nicht interessiert. Der Disziplin der Deutschen Wehrmacht schadet das keineswegs, da ist es üblich, dass der Offizier auch mit Hand anlegt. Der Offizier soll das da weitermachen." und wies auf die Fahrhilfen bei den Rössern. Verärgert zog sich der Russe zurück.

Vor Mitau wurden die Offiziere von den Mannschaften getrennt, wobei der Russe die Hauptleute und Leutnante, die „subalternen Offiziere“, wie er sie kennzeichnete, zwischen den Mannschaften beließ: Der Offizier begann bei ihm erst beim Stabsoffizier. So pilgerte denn das Stabsoffizier-Trüppchen weiter nach Süden Richtung Südende Rigaer Bucht, über die Kurländische Aa hinüber. Während wir abbogen weg von der Hauptkolonne konnten wir noch bemerken, wie die Russen den Subalternen und Mannschaften alle Sachen abnahmen: da war bereits ein Riesenhaufen entstanden von zusammengeworfenen Tornistern, Taschen, Bekleidungsstücken und Sonstigem. Ohnmächtig kochten wir vor Wut – aber, man trieb uns weiter.

Das erste Lager, in das wir mit Sack und Pack einrückten, war ein Stück Strand, gegen die Bucht mit Stacheldraht abgesperrt, angrenzend an eine aus Holz gebaute Kleinhaussiedlung. Man suchte sich seine Ecke, nach Strohsäcken oder Ähnlichem und schuf sich so seinen ersten privaten Lebensbereich.
Und wenn man da so auf seinem Klamottenbündel lag oder saß, dann kam unversehens eine ganz neue Denk- und Betrachtungsweise auf: Du hast nichts, absolut nichts zu tun. Die frühere Riesenverantwortung als Ia einer Division, die in schwerem Kampfe stand, die Sorge um die Soldaten, deren Leben, deren Stellungen mit allem, was dazu gehört, der Krieg, in den man 1939 hineingezogen worden war, als eine Regierung es für richtig befand, die Verteidigungs-Reichswehr, nachdem sie in Wehrmacht umbenannt worden war, zu Angriffen zu missbrauchen – vorbei!
Ein jeder dachte doch tagaus-tagein nach, über sich, über das, was geschah und geschehen kann. - -

Da wir uns um nichts kümmern mussten, da alles von den Bewachern geregelt wurde, erlebten wir zum ersten Mal den Terror der Untätigkeit! Aber die Zeit blieb nicht leer. „Meine Zeit steht in Deinen Händen“... Du hast auch jetzt Rechenschaft abzulegen, was Du tust. Dadurch, dass man einen Stacheldrahtzaun um dich herumgezogen hat, bist Du doch kein Anderer als zuvor – lediglich deine physikalische Existenz, die ist eingeschränkt.
Die Gedanken rotierten im Schädel. Es gab keinen Anfang, der nicht zugleich ein Ende war, keine Möglichkeit, die nicht sogleich sich selbst ad absurdum führte. Wo waren Recht und Gesetz, Sitte und Moral – welche Fetzchen dieser Tugenden waren noch vorhanden, übriggeblieben, die die Seele wieder zu wärmen vermochten? Man fror innerlich, weil man nicht wagte, seine Seele zuzudecken: Man rang vor allem um Klarheit der eigenen Person inmitten dieses Chaos.

Gewiss, es kam für mich nicht unvorbereitet. 1944 hatte ich erfahren, welch schreckliche Dinge dort geschahen, wo wir als Befreier als politische Heilsbringer – „Sieg Heil“ – auftraten. Und ich begann umzulernen, und das zerriss etwas in meiner Psyche: Mit allen Mitteln für ein System, für einen Krieg dieses Systems zu kämpfen und zu wissen, dass dies alles am Rande des Verbrechens stand. Nicht alle hatten schon wieder herausfinden können aus dem ethischen Nichts, dem Chaos der Weltlehre vom Nationalsozialismus, von der Rassentheorie, sich von der Herrenmenschen-Theorie loslösen können. Es gab noch Funken von Rechtfertigung, auch von Trotz.

Potemkin

Potemkin lebte nicht nur zur Zeit der großen Katharina. Er ist unsterblich. Und er ist Russe.

Unsere erste Begegnung hatten wir, als ein russischer General unser Lager besichtigen wollte. Stundenlang wurde sauber gemacht, aufgeräumt, Fenster geputzt und in der Küche gewienert. Nach den Produkten zu schließen, die ins Lager gekarrt wurden, war mit einem Festmahl zu rechnen.

Am Tag vor dem Eintreffen des Gewaltigen erschien der russische Lagerkommandant in der Baracke, um sich die Unterkünfte anzusehen. Hierbei entdeckte er etwas Schreckliches: Wir Kriegsgefangenen hatten zuviel Klamotten! Da hingen allerorts an den Bettgestellen, Pfosten und Wänden Uniformen, Mäntel, Rucksäcke, auf Zwischenbrettern lagen und standen Privatgegenstände herum, vom Kochgeschirr angefangen bis zu Goethes Faust. Das war unmöglich! Ein Gefangener durfte allenfalls das besitzen, was er auf dem Leibe trug. Man hatte uns zwar auf dieses Niveau herabdrücken wollen, als wir ins Lager einrückten, aber wir hatten so heftig protestiert, dass man uns höchst ungern dann doch unsere Klamotten beließ. Jetzt hatte man die Bescherung, was würde der General hierzu sagen?

Jetzt war es zu spät, also wurde der Geist Potemkins beschworen und er gab die erwünschte Inspiration: Flugs verschwand alles, was anstößig war, unter den Strohsäcken. Hei, wie hell und freundlich war die Baracke, wie überraschend die Perspektiven, wie dick waren plötzlich die Strohsäcke, deren Füllung doch nur eine Hand voll Häcksel war. Getrost konnte man dem hohen Besuch entgegensehen.

Beim letzten Rundgang durch das Lager trafen der russische und der deutsche Lagerführer – ein Generalstabsoffizier – auf einen ausgesprochen schmutzigen Winkel im Lager.
„Das muss sauber gemacht werden!" forderte der Russe.
Der Deutsche sah die Arbeit, den Jahrzehnte alten Dreck fortzuschaffen und meinte: „Wir brauchen ja den General nicht hierher zu führen!" Ein vernichtender Blick des Genossen Oberst traf ihn und mit dem Brustton der Überlegenheit verkündete der Russe:
„In der Sowjetunion lassen sich, im Gegensatz zu den kapitalistischen Ländern, Besichtigungen nicht beeinflussen!"

Dann war der große Augenblick da. Der General war beim Stab eingetroffen. Augenblicks rasten ein Dutzend Aktivisten mit weißen Laken in die Baracken und breiteten auf jedem Tisch ein sauberes Tischtuch aus. Unsere Blumensträußchen, die vor den Familienbildern standen, wurden auf die Tische gestellt. Wundervoll !

Der General kam. Klein, fett, mit Glotzaugen stapfte er an der Spitze eines ungeheuren Gefolges von Baracke zu Baracke, stumm und gewaltig. Fragte hier einen Gefangenen etwas, blieb dort stehen: „Ist das Essen gut?"
„Ich bin am 9. Mai 1945 das letzte Mal satt geworden." war die Antwort.
„Karascho!" der General nickte: Also alles in Ordnung. Der General hatte die Baracke noch nicht verlassen, da waren die Tischtücher schon verschwunden.

Erster Mai und die Tage der Oktoberrevolution, die ja am 6. November gefeiert wird, waren aufregende Ereignisse, nicht nur, weil meist große „Filzungen" vorausgingen oder die Garnison bis auf die diensthabenden Posten entwaffnet wurde, – man pflegt in totalitären Staaten an Festtagen Umstürze zu erwarten – es wurde gekocht, gebraten, Puddings und Kuchen vorbereitet (von eingesparten Produkten), Transparente aufgehängt und sauber gemacht. Halbjahresreinigung konnte man es nennen.

In Mordwinien konnte man – wenn man Glück hatte, mit Schnee rechnen. Hatte man ganz großes Glück gab's Neuschnee. Das sanfte weiße Tuch bedeckte alles. Die Hügelchen und Buckel ließen nicht erkennen, ob darunter etwa ein Müllhaufen schlummerte. Im November war Schnee schon sehr wahrscheinlich.

1945 war ein Glücksjahr, so schien es. Herrlicher Neuschnee fiel am 4. und 5. November. Wie sauber sah alles aus. Die Bahnstation, die Magazine, Zäune alles säuberlich weiss geschmückt. Dieser Teil der Festvorbereitung schien also zum Glück erledigt. Da – taut es. Grausam und gründlich. Und was kam alles zum Vorschein! Und abends war große Feier!

Rasch wurde ein halbes Dutzend Gefangener mobilisiert. Ich gehörte dazu. Missmutig trotteten wir zum Tor, ungewiss, was man uns aufbürden würde. Ein aufgeregter Stationsvorsteher empfing uns. Er war die Güte selbst: Er bat uns – wirklich: er bat, doch recht fleißig zu sein und seine „Stanzia" aufzuräumen. Wenn der Präfekt morgen hier entlangführe, etwa ausstiege – nicht auszudenken! Es lagen Berge von Müll, Erntereste, Stroh überall! Uns sank das Herz, dieser freie Nachmittag war gewesen, war perdu! Wenn wir diese Berge noch wegkarren sollten, würden wir morgen erst fertig, denn Pferd und Wagen waren kaum noch zu beschaffen. Wir knurrten diese unsere Ansicht, doch der Eisenbahner lachte: „Nitschewo! Wo denkt Ihr hin! Wegfahren, dazu haben wir keine Zeit mehr, - da, Schaufeln, eine Mistgabel – hier – der Zaun – huii – drüber – weg ist das Ganze, dawai, dawai!" Das ließen wir uns nicht zweimal sagen. Auch der heftige Protest der Nachbarin der Stanzia, der Besitzerin des Gartens, änderte nichts am Plan des Stationsvorstehers. Schaufel um Schaufel flog der Unrat im hohen Bogen über den Zaun - Fässer, Körbe, alles sonst wie Ärgerliche flog hinterdrein. Nach einer knappen Stunde war alles „Tschisti". Noch ein paar Hundert Harkenstriche – auch der Küppelzaun wurde wieder saubergekämmt – und alles rings um den Bahnhof strahlte vor Sauberkeit nunmehr im Lichte der Lampen, da es schon Nacht geworden war. Erschöpft hockten wir auf der Holztreppe. „Rauchen wir einen?" fragte der Stationsvorsteher. „Gern" frohlockten wir, zumal wir sahen, dass er gutes Machorkapäckchen-Packpapier hervorholte. „Nun gebt schon Machorka" sagte er und verteilte Papier. Wir holten unsere Beutelchen und Büchsen heraus und schütteten ihm und uns die grünen Krümel auf sein Blättchen. Dann bat er uns um Feuer und wir rauchten genüsslich und – reich belohnt!

(Zeichnung KOB)

Als wir zwei Jahre später Molotschnitza verließen, waren die Unrathaufen noch da – hinter dem Zaun. Vielleicht waren sie etwas höher geworden. Drei weitere Revolutionsfeiertage waren ja noch ins Land gegangen. Potemkins Geist war wieder beschworen worden und war auch prompt geflattert.

Den beachtlichsten Fall Potemkin'scher Dörfer erlebte ich 1953 in Swerdlowsk. Wir arbeiteten auf dem Bau. Viele Sowjetbürger, Meister, Spezialisten, Hilfsarbeiter waren mit im Objekt und wir kamen oft ins Gespräch. Eines Tages gerate ich zufällig in eine Gruppe, die offenbar belustigt einer längeren Erzählung eines zornigen Vorarbeiters lauscht. Ich erfahre folgendes:

Da war in seinem Viertel eine stille Straße. Neubauten, jede Familie hatte 1-2 Zimmer, je nach Größe, in den 4-Zimmer-Wohnungen zugewiesen bekommen. Küche, WC, Bad wurden kommun benutzt. So hauste man schiedlich–friedlich beieinander. Eines Tages erscheint eine Kommission. Sie sieht sich in den Häusern um, nach kurzer Prüfung werden aus den Wohnungen alle überzähligen Bewohner herausgeworfen, vorübergehend sagt man. Also nimmt jede 2. oder 3. Familie ihre Habseligkeiten unter den Arm und verschwindet irgendwie, bei Freunden in anderen Straßen. Nun sah es natürlich kümmerlich aus in den Wohnungen, in denen nur eine Familie plötzlich das Vakuum von 3 1/2 – 4 Zimmer auszufüllen hatte. Aber man wusste Rat. Rasch eilen einige Funktionäre in die Wohnungen der umliegenden Straßen, auch in die des Vorarbeiters, und damit beginnt der Vorgang auch für diesen interessant zu werden: Man sieht sich um, erblickt einen Schrank, ein Bett, 2 Stühle , 1 Bild ---

„Genosse, das brauchen wir für ein paar Tage. Nein, bestimmt, Du kriegst es wieder, schreib Deinen Namen darauf – los, dawai – dawai!" Eh er sich's versah, saß er in seiner fast ganz leeren Wohnung.

„Und, was denkt ihr, wohin die mit den Möbeln fahren? Sie haben damit alle Wohnungen in der Neubaustraße eingerichtet." hatte der Vorarbeiter weiter berichtet. „Und gestern früh sind die Funktionäre ganz früh schon durch die Häuser gerannt, alles musste sauber sein, alle Leute mussten zu Hause bleiben, es war eine tolle Aufregung! Und ein paar Stunden später fahren plötzlich zwei oder drei große Omnibusse in die Straße, Gewerkschaftler aus Deutschland steigen aus, man zeigt auf die Häuser, sagt: Sehen Sie sich um, so wohnt der Sowjetbürger! Wir haben hier in einer x-beliebigen Straße kurz angehalten, damit Sie nicht meinen, dass wir Sie nur dorthin führen, wo es besonders schön ist – Und dann sind die Gewerkschaftler überall in der Straße herumgegangen und haben alles sehr gelobt. Heute früh habe ich alle Möbel wiederbekommen! Ich bin ja froh, es ist nichts dran, ein paar Kratzer – Nitschewo, aber es war doch eine Schweinerei! Ich dachte schon, ich sähe sie nie wieder."

Beute

Aus den sowjetisch besetzten Gebieten rollten in dichter Folge Beutezüge heran. Auf offenen Loren lagen Kulturgüter und Maschinen – es waren Bilder des Grauens; sie belasteten uns seelisch sehr. Als wir diese Konkursmasse – es kamen drei Riesenzüge aus Breslau, Hundsfeld und Königsberg – anrollen sahen, ließen wir den Kopf hängen. Die große Ausplünderung Deutschlands schien begonnen zu haben. Dass Industrieanlagen demontiert werden würden, war zu erwarten. Dass aber Gasbadeöfen dorthin geschleppt wurden, wo weit und breit kein Gas war, Klaviere (gut zwei Dutzend), Briefkästen (der Reichspost), Badewannen und sonstiges im mordwinischen Urwald auftauchten, war deprimierend. Ich sehe mich noch im Schutze eines Mahagonischrankes und daran gelehnter polierter Bettwangen während eines zwei-stündigen Regengusses sitzen. Die Furniere wellten sich traurig, noch nach Wochen standen die Möbel im Freien herum und waren Brennholz geworden. Der Gasbadeofen versank allmählich im Sumpf.

(Zeichnung KOB)

Bei der Verteilung des Beutegutes gab es Schwierigkeiten. Mit den Klavieren z.B. wussten nur wenige der mordwinischen Bürger etwas anzufangen, geschweige denn sie unterzubringen. Sie landeten in den Garnisonen, im Offizierheim der Russen, im Kulturhaus oder zum Glück auch bei uns im Lager. So besaßen wir plötzlich u.a. einen herrlichen Bechstein-Flügel. Das größte Geschenk waren allerdings die Büchereien der Breslauer und Königsberger Oberschulen. Nahezu 12.000 Bände erschienen in den Nebenräumen des Clubs. Zu lesen bekamen wir jedoch nur Bruchteile von diesem Segen! Die politischen Kommissare und Aktivisten ließen zunächst alle Bücher auf faschistischen Inhalt überprüfen. Hiermit beauftragten sie einen honorigen, gleichwohl grützdummen deutschen Postbeamten. Er saß monatelang, las Seite für Seite und strich mit Kopierstift und Spucke alle anstößigen Worte. Solche gefährlichen Worte waren „Vaterland, Nation, national, Heimat, Ritter, Waffe, Kampf“ - - egal, ob es sich dabei um Ereignisse des 20. oder des 14. Jahrhunderts handelte, auch spielte der Zusammenhang absolut keine Rolle. So kamen nach etwa drei Wochen die ersten zensierten Bücher

aus der Bibliothek heraus. Es war zum Wahnsinnig-Werden.
Trotzdem – auch dies grässliche Verfahren hatte gute Seiten, und wir waren mittlerweile soweit gereift, dass wir unter hundert Misslichkeiten die eine Annehmlichkeit herauszufinden und zu achten gelernt hatten. Dicke Bücher, wie die von Dostojewski oder Gorki, wurden in Partikel und in Päckchen zu etwa 20 Seiten zerlegt. Diese Päckchen gingen von Hand zu Hand; es lasen also hintereinander ein halbes Dutzend Freunde an einem Buch. Ich habe nie erlebt, dass da auch nur eine Seite fehlte.
Nach zwei Jahren waren knapp 250 Bücher „frei“-gegeben.

Auch ein wackerer Mercedes 170 - Modell 1937, Cabriolimosine, tauchte in dem Beutegut auf. Er stand einige Wochen traurig in einer Ecke des Wirtschaftsteiles vor dem Lagertor. Eines Tages hatten wir wieder einmal einen Güterzug mit Holz zu beladen. Hunderte von Gefangenen waren in schwerster körperlicher Arbeit stunden-, ja tagelang damit beschäftigt, ohne Kran, ohne Hilfsmittel, nur mit ihren Händen.

Der Zug war fast beladen, als ich plötzlich mit fünf Mann herausgerufen wurde. Auf einem Nebengleis stand ein Waggon, daneben ein großer Haufen 2m-Brennholz, und auf dem Waggon der Mercedes. Das Dach ragte nur wenige Zentimeter über die Bordwand. Da erschien der Verwaltungsoberst höchst persönlich mit dem Auftrag: „Versteckt das Auto, es wird verschoben!“ Der Mercedes verschwand schließlich unter eine Lage Heu und Holz – ob er sie überstanden hat – Nitschewo, interessierte uns wenig.

Das Kulturloch

Es bestand eine Gewohnheit in den sowjetischen – vielleicht eh und je in den russischen – Lagern, dass aus Gründen der Hygiene jeder Raum einer Wohnbaracke täglich „gewaschen“ werden musste. „Wimitj“ hieß das Kommando. Fluten kalten Wassers, in Fässern, Kübeln, Eimern, oft aus weitab gelegenen Brunnen herbeigeschleppt, ergossen sich in den Baracken auf die schwärzlichen Fußböden. Mit Reiserbesen wurden die Dielen geschrubbt. Es entstand bald eine dunkle Brühe, deren Schattierungen, Konsistenz und Geruch abhängig waren von der Wetterlage, vom Zustand der Straßen und Wege im Lagerbereich und von der Art der Tätigkeit ihrer Bewohner. Im Kohlenschacht arbeitende Stubenbewohner brachten oft ganz besonders kräftige Färbungen in die Scheuerbrühe. Diese Brühe, mit genannten Reiserbesen hin- und hergeschoben, musste natürlich irgendwo hin! Es sollte ja sauber werden in den Kemenaten! Scheuerlappen gab es nicht. Ab und zu ergatterte man ein paar Fetzen von alten Wattejacken, aber die waren meist so eminent schmutzig, dass man sie erst hätte chemisch reinigen müssen. Überdies färbten sie meist. Kenner bauten übrigens diese Flicken nach gründlicher, oft lagelanger Reinigung lieber in ihre eigene Bekleidung ein! Also, mit einem Wort: Scheuerlappen oder Ähnliches standen uns nicht zu.

Aber, wie schon gesagt, der Schlamm musste weg. Der „Plenni" ist findig – so erfanden Generationen russischer Gefangener vor uns ein äußerst praktisches Verfahren. Ausgehend von der Tatsache, dass die Baracken einstöckig-ebenerdig waren und unter dem Fußboden meist einen Hohlraum hatten, fand man heraus, dass ein in die Dielen gestemmtes Loch die einfachste Lösung des schwierigen Problems „wohin mit der Brühe" sein würde. Gesagt, getan. An verborgener Stelle ward ein Loch geschaffen, meist im Schatten eines Stützbalkens oder in einem Winkel. Ein geschickter Tischler fertigte aus einem Streifen Gummi – gestohlen irgendwo – einen Schrubber an, der denen auf Handels- oder Kriegsschiffen glich (Kommando „Rein Schiff") und es konnte losgehen.

Hei, wie einfach war es nun! Fluten von Wasser ergossen sich in die Baracken – Schemel hoch! Holzlatschen weg, es kommt die Sintflut! Rauschend strömten die Wasser unter den Pritschen entlang, von Reiserbesen hin und hergejagt, gestoßen, gewirbelt. Die Gummischrubber erfassten die Wogen, die immer zähflüssiger wurden und schließlich gräulicher, braunschwarzer Lava immer ähnlicher sahen, und schoben sie zielbewusst einem Pfosten zu. Die Lavaströme verschwanden. Ins Nichts vergangen war die Pracht. Ohne Feudel, Scheuerlappen, ohne Technik – einfach so ! Tief drunten hörte man es leise plätschern. Tief drunten sammelte sich, was oben unerwünscht war. Die Dielen waren sauber. Am Pfosten stand ein Abfallkasten oder das Wasserfass für Feuerschutz, mitleidig bedeckend, was so probat und so gräulich war: Das Loch, das „Kultur-Loch".

Die feuchten Uralt-Sümpfe unter dem Barackenboden waren erhebend. Ich habe einmal einen Barackenboden erneuert. Es war dringend notwendig. Jahrzehnte der beschriebenen Fußbodenpflege hatten ihre Spuren hinterlassen: vestigia terrent! Unter dem Boden, anmutig um einen schimmelbedeckten, 3/4 verfaulten Stützpfosten herum, hatte sich ein 1,5 m hoher und etwa 6 qm den Erdboden bedeckender, pyramidenförmiger, schwarzer Schlammhügel angesammelt, Erosionsrillen zierten ihn, kleine, blanke Rinnsale vom letzten Reinigen herrührend versickerten leise. Am Fuße des Hügels träumten drei stille Tümpel, es stank infernalisch. Rasch schlossen wir den Fußboden wieder, um diesen Hügel nur nicht etwa forträumen zu müssen.

Wunderten wir uns nun noch über den eigentümlichen Barackenduft? Feucht-modrig, ein Hauch ständiger Unsauberkeit, gammelig, das waren die Grundbestandteile dieses Duftes. Manches kam freilich noch hinzu. ..und die Ursache? Ein kleines Loch, kaum grösser als zwei Streichholzschachteln. Manchmal lag es so listig, dass es gar nicht erkennbar war, dann übernahmen Ritzen im Boden, die lebenswichtige Funktion des Kulturloches! Ja, es gab selbst hier Varianten. Die Wirkung war die gleiche. Und wie man sich im 1. Stock behalf ? Zwar anders, so einfach ging es natürlich dort nicht, aber ähnlich. Und wenn ein regulärer Keller unten drunter war? In Baracken, die wir bewohnten, gab es keine Keller, schon aus Sicherheitsgründen nicht.

Aber in einem Neubau, den sowjetische Bürger just bezogen hatten, gab es Keller. Jede Familie hatte einen Kellerraum, der mit Brettern abgeteilt war. Eine Familie nun hatte das unglaubliche Glück, dass sie eine Parterrewohnung erhielt und ihr Keller genau unter ihrer Küche lag! Welche Freude für die reinliche Hausfrau! Rasch war das Stemmeisen zur Hand und ein bildschönes Kulturloch geschaffen. Wozu auch Keller? Soviel Hausrat hatte man doch nicht! Nach zwei Monaten, als für ein neu eingerichtetes Brotmagazin die Keller beschlagnahmt wurden, kam die Herrlichkeit ans Tageslicht. Man lachte noch lange in Dechtjarka hierüber.

Diese Erkenntnisse waren für uns sehr wichtig: Wir lernten, wie man in der Sowjetunion Probleme einfach löst; wir lernten aber auch den grundsätzlichen, tiefen Unterschied zu lernen zwischen „Kultur“ und „Kultura“. Wir hatten in den Augen unserer Bewacher „nix Kultura“, weil wir Aborte in die Häuser einbezogen.

Volksbibliothek

In Borowitschi geschah etwas Bemerkenswertes. Da gingen Mitgefangene zum Arbeitseinsatz in die Papierfabrik. Ihre Aufgabe bestand u.a. darin, die großen Papiermühlen zu füttern, und zwar mit „Altpapier“.

Doch die Landser waren pfiffig. Sie hatten nämlich eines Tages mehrere Waggon-Ladungen alter Bücher zu entladen und der „Umwandlung“, also der Vernichtung zuzuführen. Aber, sie kannten auch unser Leseinteresse damals im Stadtlager, als wir nicht arbeiten durften bzw. wollten. So ließen denn die Arbeiter ab und zu ein Buch in ihren Taschen verschwinden und kramten es bei den Stabsoffizieren wieder heraus.

Und diese fielen fast in Ohnmacht: Es waren Bücher aus den Jahren 1550 und älter, wahre Prachtstücke, vielleicht sogar Inkunabeln dazwischen. Die Landser waren verdutzt, dass so alte Schinken viel mehr Geld einbrachten als Bücher neueren Datums und beeilten sich, weiter reichlich zu stehlen und zu verkaufen.

Ich ergatterte ein köstliches Buch aus dem frühen 18. Jahrhundert „Gespräche aus dem Totenreich". Da hatte sich jemand die Mühe gemacht, große Gestalten der Geschichte – im Himmel oder wo auch immer, miteinander sprechen zu lassen, etwa Caesar mit Karl dem Großen, Königin Elizabeth mit Cleopatra usw. Dann brachte mir jemand, dem gesagt wurde, da wäre einer, der könne die Sprache verstehen, in der bestimmte Buchstaben, meist das „A" so einen Kringel oben drauf hätten, ein paar Bücher, und auf diese Weise erwarb ich einige schwedische Bücher, eines sogar mit diplomatischen Berichten, zweisprachig schwedisch und französisch! Ein Geschenk des Himmels.

Wir lebten auf, die Mitgefangenen-Papierfabrik-Arbeiter machten große Gewinne aus wenig Mühe. Uns zerriss es das Herz, wenn wir uns vorstellten, was da in die „Holländer" ging und damit der Nachwelt unwiederbringlich verloren gehen musste. In den Jahren 1945 bis 1951. Und danach ??
Nix Kultura ...! Faschistische Literatur – aus dem 17. Jahrhundert!
Aus dem neugewonnenen Papier wurden dann wohl die Wandzeitungen hergestellt, die unsre Nerven arg belasteten. Oder es ging, als Klopapier in die Großstädte – in unseren Regionen waren derartige Nützlich- bzw. Notwendigkeiten nicht zu haben.

Volkstheater

Unter den Gefangenen in Mordwinien befanden sich auch Musiker der – wenn ich mich nicht irre – Stuttgarter Bühnen. Sie hatten keine Instrumente. Aber, es fanden sich findige Tischler, die Violinen und Celli herstellten. Mit diesen wurden Konzerte gegeben. Der Russe stiftete eine Gitarre – es war ein merkwürdiger Klangkörper. Ich floh, wenn möglich, dieser Musik, sie klang dumpf und stumpf und das tat weh. Auch an Singspiele machte sich diese Gruppe heran. Musikalisch waren die Künstler allemal, aber – Tenöre auf Sopran dressiert – nein das war mir hier ebenso unerträglich wie von Männern gespielte Frauenrollen – es sei denn, es wären Shakespeare-Stücke, denn darin sind die Frauengestalten bekanntlich nie erotisch.

In Borowitschi wurden wir in kleiner Gruppe aktiv. Zu dritt boten wir als Interpreten deutsche Poesie, unterstützt von ein paar Musikern mit guten Instrumenten. Wir zogen ein „Schatzkästlein" auf, das an Sonntagen über die Bühne ging. Wir hatten zunächst freie Hand in der Auswahl des Vorgebrachten. Doch dann fanden einige Aktivisten Gründe, hinter den völlig harmlosen Dichtungen – Annette v. Droste-Hülshoff, Conrad-Ferdinand Meyer usw. – neofaschistische Tendenzen zu wittern und rissen das Ensemble auseinander. Ich kam – wohl auch aus diesem Grunde – in das Straflager Dechtjarka.

Dort gab es eine Theatergruppe, die sich aber auf Salonstücke, wie „Das Weiße Rössel" beschränkte, die sie manchmal mit schwülen, – um nicht zu sagen schwulen Passagen zu beleben versuchten. Sehr bald beschlossen wir, dieser Art von „Kulturveranstaltungen" etwas entgegen zu setzen. Unter uns lebten Dirk aus Hamburg, ein Kaufmann, der perfekt Englisch sprach, und der hoch-musisch veranlagte Uli S. Beide taten sich zusammen und übersetzten nach einer sehr alten Shakespeare-Ausgabe das Lustspiel „Was ihr wollt", und man begann in der Kulturgruppe damit, die Aufführung vorzubereiten. Die Übersetzung erwies sich als vorzüglich, sprachlich flüssig und lebendig. Spätere Vergleiche mit anderen Texten bestätigten das. Der Bühnenaufbau, die Kostüme, Beleuchtung: – alles das nahm uns neben der täglichen Arbeit voll in Anspruch.

Wir haben das Stück mehrfach „vor vollem Haus" aufgeführt. Jedesmal war es ein Erlebnis mitanzusehen, wie die „einfachen Mitgefangenen", besonders die Jungen, von Handlung und Sprache beeindruckt waren. Ich konnte mehrfach hören: „Nein, wenn ich nach Hause komme, dann werde ich doch häufiger ins Theater gehen!"

Volks-Küche

Nicht nur aus den Paketen kamen „Rohprodukte", die zubereitet werden mussten; es gab auch Grieß, Mehl, Zucker, Margarine neben allerlei uninteressantem Kram in der Kantine zu kaufen. Nach Stalins Tod und seit Beginn der Herrschaft Malenkows verkauften die Magazine auch Tee und Seidenstrümpfe – mit denen wir allerdings nichts anfangen konnten. Diese Edelprodukte ließen sich jedoch im Ofenloch nicht genießbar machen. So setzten wir es durch, dass Kochstellen geschaffen wurden. Der bestgeeignete Raum hierfür war der Trockenraum für unsere „Walinki“ - Filzstiefel.

Es wurde ein großes Herdgebilde gemauert, in das mehrere Feuerstellen eingebaut waren. Diese waren abgedeckt durch mehrere größere oder kleinere Eisenplatten – wie sie eben gerade griffbereit zum Klauen irgendwo herumlagen und mitgingen. Holz oder Kohlen musste man sich selbst beschaffen und durch die Wache schmuggeln; das Lageraktiv benötigte ja auch Brennholz und beklaute uns. Glücklich derjenige, der ein metallenes Kochgeschirr – noch – besaß. Töpfe gab es nie und nirgends. Sie wurden untereinander ausgeliehen, auch selbstgefertigte Pfannen. Wehe, wenn der Entleiher etwa die Pfanne nach Benutzung auswusch! Es musste etwas Fett daran hängen bleiben – sonst hatte er diese Pfanne das letzte mal benutzen dürfen!

Und da standen sie dann, kochten – mit Vorliebe „Pudding“.

Und oben, über den emsig rührenden Köchen hingen Dutzende Walinki zum Trocknen. Sie waren nass und dreckig und rochen nach feuchtem Filz. Es fielen auch ab und zu Tropfen herab oder, wenn sie gerade aufgehängt waren an den Holzbalken und -latten, auch einmal ein Klümpchen Schnee. Nitschewo – das kocht sich ja steril, beruhigten sich die Köche.
Versonnen stand am Ende einer Kochplattenreihe Erwin. Mit äußerster Konzentration rührte er in einem Kochgeschirrdeckel, an den ja bekanntlich ein stabiler Griff angebracht ist. Ich frage ihn: „Und was gibt das?“ Erwin sieht kurz auf, eigentlich nur mit einem halben Auge, verzieht strahlend das Gesicht und verkündet: „Punging“
„Du meinst Pudding oder ist das was Besonderes?“
„Nein, es ist Punging: – so sagte ich schon zuhause zu dem, was Du da als Pudding bezeichnest Ich schaffte es wohl mit den Doppel-D’s nicht so richtig. Seither heißt er weiter für mich Punging!“

In den Pfannen brutzelte Cornedbeef oder Schmalzfleisch mit Mehl, also ein Schmarrn, in anderen Kochgeschirren Haferbrei, Grießbrei oder - Kakao! Delikatessen und Raritäten, überdies nahrhaft.

Volks-Bad

Die ständig vorgebrachte Parole „Alles für das Volk, Alles durch das Volk, Die Partei und das Volk sind eins!“ sollte uns so klargemacht und eingehämmert werden, dass wir dann, wenn wir einmal nach Deutschland heimkehren würden, nur im Sinne und den Buchstaben nach sowjetischen

Verhältnissen und Einrichtungen schaffen müssten. Doch das ging – wie sagt man? – „ins Auge" um nicht zu sagen „in die Hose"! Die Sowjets forderten zwar, dass wir uns diese Theorien zu eigen machten, uns selbst aber gewährten sie sie nicht.

Allenfalls das „Volksbad" existierte. Es war die „Banja" und sie wurde alle 10 Tage für uns geöffnet. Der Zehntage-Rhythmus war ein Relikt aus der ersten Revolutionszeit, als man sich von allem an Christliches Erinnernde trennte. Damals war die – laut Bibel – 7-Tage – Woche durch den 10 Tage-Rhythmus ersetzt worden. Nur kamen die Fortschrittsfanatiker bald zu der Erkenntnis, dass eben die menschliche Physik noch immer den Schöpfungsintervallen Gottes nachhängt. Selbst der fanatischste Sowjetbürger, dieses Kunstprodukt, hielt den 10-Tage-Zyklus nicht aus. Man kehrte zur christlichen Regelung zurück – bis auf Bad und Wäschewechsel!

Man stelle sich einen Holzbau vor. Der Eingang führte in die Auskleideräume, wo man alles ablegte. Die Oberbekleidung wurde zur Desinfektion auf Rollwagen gehängt, die Wäsche weggegeben – und es drängten sich die stinkenden, 10 Tage ungewaschenen Männer in den Banja-Raum. Dort versuchte man, sich einen Waschzuber zu ergattern, einen Bottich mit etwa 20 cm Bordhöhe und 50 cm Durchmesser, mit dem man sich an der Heißwasserausgabe einreihte.

Dieses Herumgedränge nackter Männer ist etwas Ekliges, aber, was half's! Endlich kam man an die Reihe. Da saß vor einem Riesenfass ein ältlicher, missvergnügter Mitgefangener, der einen riesen-großen Messinghahn zu bedienen hatte. Aus dem ließ er einen Schuss Heißwasser in den Bottich klatschen – wobei man aufpassen musste, sich nicht zu verbrühen und nicht die Seife oder das Handtusch zu verlieren. Man erinnerte an Internatszeiten: Das Handtuch bindet man sich um das Knie.

Man stolperte nun in den Dampfschwaden, die aufgestiegen waren, zum Kaltwasserhahn und mischte seine Eroberung auf erträgliche Grade herab. Dann stand man mit tränenden Augen im Dunst und suchte einen Platz auf einer der herumstehenden Bänke.

Bei diesem Herumspähen entdeckte man dann auch die „Aufsicht", die zwei bis drei „Krankenschwestern", manchmal auch die Ärztin, die das Gewühle der Nackten mit Behagen studierten. Ihre eigentliche Aufgabe war es, die Gefangenen nach den gegebenen Richtlinien vollständig zu „enthaaren". Doch wir ließen uns nicht kahlköpfig machen. Dafür stürzten sie sich selbst oder der Friseur, den sie beordert hatten, auf alle sonstigen Behaarungen. Zum Schluss klatschten sie ein „Desinfizienz" in die Achselhöhlen und sonst wohin. Danach waren wir entlassen und durften nun auf die entwesten Oberbekleidungsstücke warten. Frische Wäsche gab es auch dabei.

Natürlich war dies „Bad“ sehr wichtig und wir genossen es, trotz aller unerfreulicher Umstände. Denn entgegen aller orthodoxen Regeln durften wir uns nicht unter fließendem Wasser – nicht einmal kalt – waschen.

Duschen gab es nicht, das hatte aber auch andere Gründe: Das Bad hatte selten Wasserleitung. Woher auch? Da gab es kein Netz. Es gab Brunnen, und während wir den armseligen Bottich Heißwasser genossen, trabten Wasserdienste vom Brunnen zur Banja und füllten das Riesenfass.

Außerhalb des Banja-Termins musste man sich selbst behelfen. Da war keinerlei tägliches Waschen vorgesehen. Daher die Sehnsucht aller nach einer Waschschüssel.

Resolutionen

Die erste Resolution von all den vielen, mit denen die Russen und die Lageraktivs uns bombardierten, war zugleich die bemerkenswerteste. Sie bewies mir, was in Zwangslagern aus Kameradschaft dann werden kann, wenn Probleme der Massenpsychologie und der Angst hinzukommen.

Es war 1946 kurz nach Verkündung der Urteile im Nürnberger Hauptkriegsverbrecher-Prozess. Wir wurden allesamt, wie wir gingen und standen in den Klub beordert. Der Raum war brechend voll. Ich hatte Glück und einen Sitzplatz ergattern können, saß zwischen meinen Kameraden, inmitten der Offizierbrigaden, um mich herum meist Stabsoffiziere auf den Bänken.

Der Tisch auf der Bühne begann sich zu füllen. Nach „demokratischen“ Gepflogenheiten saßen dort die „gewählten Volksvertreter“ – eine köstliche Elite – und glotzten auf die Menge herab, wichtigtuerisch, primitiv, lauernd und arrogant. Mit einer Blechschelle wurde die Versammlung eröffnet. Hauptaktivist Schmidt betrat das Rednerpult.

Er begann: „Mit großer Freude hat die Welt davon Kenntnis genommen, dass die Hauptkriegsverbrecher in Nürnberg ihre verdiente Strafe erhalten haben, und die ...und die ... zum Tode verurteilt wurden. Mit Verwunderung haben wir erfahren, dass die ...und die ... nur zu Freiheitsstrafen verurteilt worden sind. Dass sogar Freisprüche erteilt worden sind, ist uns unverständlich. Ein ausgesprochenes Fehlurteil ist es, dass das Tribunal

ausgerechnet den Generalstab nicht zur „verbrecherischen Organisation" erklärt hat. Wir, das Lager 58/1, haben uns daher entschlossen, nach Nürnberg eine Resolution zu schicken. Sie lautet: „Mit großer Freude hat die Welt ... "
und sie schloss mit den Worten:
„Wir Kriegsgefangene des Lagers 58/1 verlangen daher, dass auch der Generalstab, dieser Hort des Faschismus, in die Reihe der verbrecherischen Organisation aufgenommen wird."

Schmidt machte eine achtunggebietende Pause und sah mit grimmigem Blick in den Saal. „Wir stimmen jetzt ab!" rief er, „Wer ist für die Resolution – Hand hoch!"
Es wurde dunkel um mich herum, ein Wald von Armen reckte sich empor. Da in den Sitzreihen diese Arme naturgemäß nun fehlten, war der Durchblick wesentlich leichter. Ach, wie staunte ich, als ich unter den Händehoch-Reckern alle meine Stabsoffizier-Kollegen einschließlich vieler persönlicher Freunde und Kriegskameraden bemerkte. Nur wir „Karmesinroten" hatten die Hände unten.

Mir zog's das Herz zusammen. Saubande, Feiglinge! Nur weil sie hofften, die Aufmerksamkeit von sich auf andere abzulenken, indem sie eine neue Kategorie nomineller Schuldiger zu finden hofften, um damit sich vielleicht aus der Konkursmasse heraus zu schwindeln, schrien sie hier lautlos: „Haltet den Dieb"!
„Danke!" trompetete Schmidt in die atemlose Stille, „Ich sehe, die Resolution ist angenommen, Gegenprobe erübrigt sich. Die Versammlung ist beendet."
Alles erhob sich und drängte dem Ausgang zu. Wir Generalstabsoffiziere sahen uns an, nickten uns nachdenklich zu. Als wir wieder in das Blickfeld. unserer Kameraden gerieten, die uns gerade so reizend preisgegeben hatten, begegneten wir flackernden Augen. Manchem wurde vielleicht erst jetzt bewusst, was er getan hatte. Dass eine solche „Resolution" sinnlos und schon gar nicht geeignet war, einen Rechtsspruch zu ändern, änderte nichts an der Fragwürdigkeit ihrer Entstehung.

Finsternis

Mordwinien Lager 58\1 – 1945 – 1948
Ein Lagerbereich in der Nacht ist wie ein Albtraum. Ringsherum an den Zäunen und Bretterplanken die „Zonenbeleuchtung", dazwischen die Wachtürme, darauf Figuren mit herausstarrenden Waffen. Im Winter in dicke Pelze gehüllt, standen sie da wie Klötze. Unbeweglich – scheinbar –

und doch in höchstem Grade wach. Kam man der „Zone" zu nah, dann bölkte es aus den Türmen.

Ob es lockte, ob es eine Verlockung gab, einfach dahinein zu rennen in die sauber geharkte „Zone" und sich zusammenschießen zu lassen - - was totsicher eintreten würde - - ? Ich musste alles durchstehen; das war ein „Befehl"- - Also ließ ich auch diese Gedanken nicht aufkommen.

Einmal musste ich ein derartiges Ereignis von ferne ansehen. Da hing ein Körper im Draht. Posten überall. Wir wurden weggescheucht.

Nacht im Lager im Winter. Den Gefangenen erging es schlechter als im Sommer. Man hungerte, weil man fror, man fror, weil man hungerte. Die schweren, uralten Walinki (Filzstiefel, dreimal dick besohlt, immer nass und schwer) waren kaum zu schleppen, man keuchte, wenn man nur ein Stück ging.

In den Baracken gab es kaum Licht. Grunzend und schnarchend, stöhnend und gelegentlich aufschreiend lagen da die Menschen in Regalen. Im Sandlager hatten wir zum Beispiel so wenig Platz, dass der an der Wand Liegende nicht wusste, wohin mit seinen abgewinkelten Knien.

Im Zentrallager war ich einige Tage als „Dystrophiker" – Hungertyphus krank – im Lazarett. Die Krankenkost sollte besser sein, vielleicht. Aber die Aktivisten hatten derartige Mengen abgezweigt, dass nur kärgliche Mahlzeiten übrigblieben. Elf Teelöffel Haferbrei war die Tagesration. Unter mir lag ein großer, langnasiger Plenni. Abgemagert zum Skelett, unfähig, noch Nahrung aufzunehmen. Er bekam „Wunschkost", doch er wusste nicht, was er sich wünschen sollte und wie er das dann herunterschlucken könnte. Er war ein hessischer Bauer. Ab und zu, wenn er bei klarem Bewusstsein war, erzählte er von seinem Hof - - ich kannte ja Hessen gut. Dann lächelte er mit seinen zahnlosen, eingefallenen Wangen, verzog die grauen Lippen: „Ach – wenn ich zuhause wäre: ein Schinkenbrot, eine Tasse Fleischbrühe - alles hatten wir. Und ich hier – ich verhungere." Es half nichts, wenn man ihm etwas anbot. Er wandte sich ab.
Er starb 3 Tage, nachdem ich über ihm eingezogen war. Man schlug ihn, den Toten, in die Decke und rollte das Bündel zusammen. Mit Dunkelwerden trug man die Leiche aus dem Lazarett in die Sezierbaracke, der Speckkammer, wie man diesen kleinen Bau in Lagermitte nannte.

Jeder kannte den Sinn und Zweck dieser Hütte. Sie bestand aus einem Innenraum, der flüchtig unterteilt war. Auf einer Seite ein größerer Tisch – der war aus blankem Holz, fettig war er, als ob man ihn kaum abwischte. Darüber eine Lampe, nicht eben so groß wie eine Operationslampe, aber doch hell für hiesige Verhältnisse. In dem vorderen Teil der Hütte trat die blanke Erde zutage. Sie war zertrampelt. Kein Bodenbrett. Obwohl man wusste, was Schreckliches da geschah in dieser Hütte, stahl man sich, wenn niemand in der Nähe war, an das kleine Hüttenfenster. Es gab da auch noch ein größeres, aber das war blind gemacht worden.

Im Winter morgens um 4 Uhr hatte der Essenholerdienst die Aufgabe, Feuer zu machen. Dazu brauchte man eine "Initialzündung"– Streichhölzer also. Aber die gab es nicht. So rutschte und schloff der Feuermacher also durch das Lager zur Küche, wo das ewige Feuer brannte, um dort den Kienspan anzuzünden, den man sich aus dem Walde vom Holzeinschlag mitgebracht und in mühseliger Arbeit zurecht gespalten hatte. Diesen Gang tat ich oft.

Und dann war es nicht nur einmal, dass ich vor der Speckkammer einen Karren stehen sah, knapp angeleuchtet von den Lampen der Zaunbeleuchtung. Es war ein einachsiger Karren mit hohen Seitenbrettern aus rissigem Holz. Geschäftiges Treiben am Hüttchen. Drei oder vier in Wattesachen gehüllte, unerkennbare Figuren. Ein Russe in Uniform - - wenn man sich anstrengte, dann konnte man den Dejournij-„Offizier“ erkennen. Die Gestalten trampelten in die Hütte und trugen längliche Gegenstände, steif wie Bretter heraus, die blass rot-gelblich aussahen, nackte Tote.
Ich musste es mitansehen, nein, auch mitanhören: die Gestalten trugen die bretthartgefrorenen Leichen neben den Karren – man hörte das „Hau-Ruck“, eine dürre gelbliche Figur, ein erstarrter Körper leuchtete kurz auf im Licht der Zonenlampen, schwebte sekundenlang im Dunkel und krachte dann in den Wagen. Die Vorder-und Rückteile des Karrens waren entfernt. Ich sah, wie sich der Stapel „Ladegut“- Leichen allmählich vergrößerte. Am hinteren Ende ragten gelbliche Fußsohlen heraus, über und untereinander. Mir krampfte sich das Herz zusammen. Der Wagen war nun wohl voll. Der Uniformierte verschloss die Türe des Hüttchens. Die vermummten Gestalten nahmen Gurte auf, spannten sich wie Zugtiere, wie Zieh-Hunde vor den Wagen, packten die Deichsel, -- das Fahrzeug setzte sich in Bewegung in Richtung Lagertor. Verschwand im Dunklen.

Ich stand wie gelähmt. Zum Glück hatte ich noch kein Feuer an meinen Kienspänen. Ich schlich mich zur Hütte. Der Vorraum war leer, nein, da in der Ecke, da stand doch etwas! Ich sah angestrengt hin: Da lehnten noch etwa 8 oder 10 nackte Leichen. Sie waren wohl erst morgen dran, heute war der Karren voll oder der sezierende Sanitäter hatte keine Lust mehr gehabt, an den erstarrten Körpern seine Messer stumpf zu schnippeln.

Einmal, beim Arbeiten am Fluss, Holz-Flößen, kam ich an dem Lagerfriedhof vorbei. Es waren 5 - 6 fast eingefallene Hügel. Und täglich starben im Lager etwa 15 armselige Verhungerte, Ausgezehrte. Todesursache: „Dystrophie“ eine leider tödliche und wohl auch unheilbare Krankheit.

Die Sektionsbefunde wurden akribisch-genau registriert.
Oh ja, der Russe konnte alles nachweisen.

Kirche

Glaubensfreiheit und das Recht auf freie Religions-Ausübung stehen in der Sowjetunion auf dem Papier; mit der Praxis sah es jedoch trübe aus. Da die Heeresgruppe Kurland en bloc in Gefangenschaft gekommen war, die Stabsoffiziere lange Jahre beieinander in den Lagerbereichen Mordwinien, Borowitschi und Swerdlowsk blieben, blieben auch die Geistlichen beider Konfessionen bei uns. Sogar nach der „Verurteilung“ waren uns noch einige erhalten geblieben: sie waren verurteilt, weil sie „die Waffen gesegnet“ hätten.

Den Juristen ging es fast ähnlich: einer wurde verurteilt, weil er die deutschen Soldaten disziplinarisch belangt habe und damit im Sinne des Nationalsozialismus aktiv gewesen sei, der andere, weil er die „Untaten“ der deutschen Soldaten nicht verfolgt habe und damit Übergriffe gegen die Sowjetsoldaten „geduldet" habe.

Zu Anfang ließen die Russen die Geistlichen gewähren, und wir hatten jeden Sonntag Kirche, erst die Katholiken, die meist einen sehr schönen Altar aufbauten, dann die Evangelischen, die im Gedanken der Ökumene denselben Altar benutzten. Die Katholiken hatten Probleme mit dem Messwein. Er war bald verbraucht. Eine Zeit lang nahmen sie – wie auch die Evangelischen – angegorene Waldbeer-Säfte, dann wurde auch dies ersetzt durch Tee.

Die Gemeinden wuchsen. Von den zuvor kirchenfeindlich oder zumindest kirchenfremd gesonnenen Gefangenen wandten sich viele der Kirche wieder zu. Die Berührung mit den Geistlichen, die, wie alle Stabsoffiziere kein Sonderrecht genossen, ließ in langen Gesprächen viele Kameraden ihre Auffassung ändern – obwohl die vor allem Männern eigene Scheu, offen ihren Glauben zu zeigen, weiterhin eine große Anzahl fernhielt. Diese besuchten dann theologisch-philosophische Diskussionsgruppen und fanden auf diesem Umwege wieder zum Glauben zurück.

Der Russe schmuggelte in jeden Gottesdienst Spitzel ein, die – ohne große Anstrengung – „sowjetfeindliche Aussagen“ ausmachten. Natürlich wurde daraufhin der Gottesdienst verboten.
Doch, wir behalfen uns.
Es wurde Zement angeliefert. Zementtüten bestehen aus mindestens vier Lagen stabilen Packpapiers. Man stahl die Tüten – es gab auch wenig Interessenten an dieser Sorte Papier, weil es sich nicht rauchen ließ, wie das „Bumaga", das Zeitungspapier. Und auf dieses Zementtüten-Papier schrieben die Geistlichen ihre Predigten, und in der Art der „Kettenbriefe“ schrieben wir sie ab und verteilten sie.

Auch das war „Gemeinde“.

Die Japaner

Eine Abteilung des Lager 58/1 des Mordwinischen Zentrallagers war mit japanischen Kriegsgefangenen belegt. Wir erfuhren von ihnen nicht viel, sahen sie kaum. Doch dann war in irgendeinem Auftrag ein Deutscher in das japanische Lager abkommandiert, ich glaube, er sollte ihnen etwas von dem Lager-Drill beibringen und ihnen helfen, die Zwangs-Arbeitsorganisation aufzubauen. Ob er Aktivist war, weiß ich nicht – wahrscheinlich war er es, denn sonst hätten sie ihn nicht hingeschickt. Er war auch kein Kurländer. Dieser berichtete:

Die Absicht, die Japaner zu einem „Plenni-Verhalten“ zu bewegen, etwa mit „Vorbeimarsch“ oder sonstigen Disziplinierungen im sowjetischen Sinn, „Produlka“ (Zählung) mit Antreten und Gruß und all dem Quatsch, den wir leider mitmachten, all das schlug gänzlich fehl und misslang. Von den Kurländern hatte sich auch nur einer standhaft geweigert, den „Gruß“ dem Dejournij-„Offizier“ zu erweisen und war auch durch Drohungen nicht hierzu zu bewegen: Eberhard C., unser Pionier-Generalstäbler. Eisern trug er seine noch schwarz-paspelierte Schirmmütze und sah ostentativ nur geradeaus! Er hatte nur ein Auge, war ein vierschrötiger Bergischer mit einer ungeheuren Handschuhnummer und sah mit seinem eckigen Gesicht stets etwas böse aus – tatsächlich war er ein Pfundskamerad und konnte im kleinen Kreise sehr vergnügt sein.

Also – bei den Japanern griffen die Russen buchstäblich stets ins Leere. Sie hatten *ihre* Vorgesetzten wieder eingesetzt, kümmerten sich überhaupt nicht um die Lagerführung außer zu dringend notwendigen Gelegenheiten und wenn es um Versorgung ging. Nun muss man verstehen, dass es verhältnismäßig einfach war für den einzelnen Japaner, sich den Bewachern zu entziehen. Die Russen konnten die japanischen Gesichter nicht „lesen“ - es waren allesamt für sie dieselben Gesichter, alle lächelten sie in gleicher Weise, niemanden konnte man verstehen, die „Dolmetscher“ übersetzten nur das, was sie selbst für „übersetzungswürdig“, hielten – die Russen kamen gegen diese Wand, nein Wände nicht an.

Der japanische „Kommandeur“ verweigerte auch die Zählung. Er „teilte mit“, dass alle da seien. Gleichzeitig verbot er seinen Soldaten zu fliehen. Aber, sie taten auch nicht mehr, als für ihren Unterhalt zu tun war: Kochen, Waschen, Holzhacken, Lagerversorgung. Jeden Tag hielt der japanische Kommandeur einen Appell ab mit der gesamten Mahalla, sie machten alle eine tiefe Verbeugung in die Richtung, in der sie ihren Tenno wussten und ließen sich in dieser Zeremonie nicht stören. Als dann die ersten heimfahren sollten, die Russen die Ältesten unter den Gefangenen namentlich festgelegt und bestimmt hatten, da tauschten sie untereinander die Namen (die ohnehin kein Russe lesen konnte!) und es fuhren die Jungen nach Hause: Sie sollten für die Heimat schaffen, in ihren Familien für Nachwuchs sorgen, die Wirtschaft wieder in Gang bringen ... . Die Alten blieben im Lager – was der Russe tatsächlich nicht merkte! Denn auch Ärzte durften an die Ostasiaten nicht heran.

(Zeichnung KOB)

Wie sich die Japaner aufführten, das konnte ich selbst an einem kleinen Beispiel erleben. Wir zimmerten auf dem „Wirtschaftshof“ Blockhäuser. Sie waren Geschenke des Sowjetvolks an seine „Helden“, sie gingen an verschiedene Orte in der Sowjetunion. Wir hier in Mordwinien fertigten das Balkenzeug an, hieben die Kerben in die Balken, passten alles zu, nummerierten die Trumme, bauten bis zum Dachansatz die Blockhäuser einmal auf, sahen, wie das Ganze passte, übergaben die Einzelteile den Russen, die dann deren Verladung anordneten. Dann kamen R-Waggons und wir zerrten die oft schweren Balken auf die Loren. Die kleineren Teile wurden in Pullman-Waggons verstaut. Bald aber stellten die Russen fest, dass von den so sorgfältig nummerierten Balken, die auf den offenen Loren festgezurrt abfuhren, kaum etwas Vernünftiges am Zielort ankam! Die Helden mussten dann wohl selbst zur Axt greifen, wenn sie den Bau errichteten.

Zurück zu den Japanern: Das war da draußen so, während dieser Sklavenzeit: Im Grunde nahm man doch nichts richtig ernst und man versuchte, immer wieder Parallelen zu Vergangenem (oder Zukünftigem !?!) zu ziehen, die ablenkten. Hier, an diesem Tage, lenkten mich zwei Japaner ab. Sie erschienen mit einem Posten – dieser mit einem riesengroßen Gewehr mit Bajonett - als eine Art „Ehrengeleit" und verschwanden im Verpflegungsmagazin. Doch sie erschienen flugs wieder: Der Magaziner hatte sie hinaus gescheucht! So setzten sie sich auf die Laderampe, lachten und baumelten mit den Beinen. Der Magaziner schrie und tobte. Sie blieben hocken. Schließlich sah ich, wie der Magaziner wütend einen sehr großen und schweren Sack auf die Rampe wuchtete, ständig fluchend. Nun erhoben sich die Japaner, grinsten, machten kleine Verbeugungen, mit denen weder Posten noch Magaziner etwas anzufangen wussten, sprangen von der Rampe herunter, zerrten den Sack an sich heran und begannen zu „diskutieren" – man konnte aber ahnen, dass das Albernheiten waren, über die sie redeten. Schließlich lud sich einer den Sack auf, stolperte ein paar Schritte weg von der Rampe, ließ den Sack über den Kopf kippen, sodass er hinfiel, warf sich selbst lachend darauf, der Kamerad sprang hinzu, und sie saßen erst einmal eine Weile vergnügt drauf. Der Posten wütete – die Japaner grinsten. Schließlich erhoben sie sich, luden nun den Sack sich wieder auf und die Albernheiten begannen von Neuem. So tollten sie mit dem großen. schweren Sack wohl eine halbe Stunde über die knappen achtzig Meter vom Magazin bis zu ihrem Lagertor.

Das entsprach ihrem „Arbeitsethos" – ich fand es bewundernswert. Aber, so etwas so offenkundig zu tun, das wagten wir eben leider doch nicht! Hatten wir Angst, erkannt zu werden mit allen Folgen? Sicherlich, war das ein Motiv. Wir wollten ja wieder einmal nach Hause kommen. Den Japanern aber muss das wohl völlig gleichgültig sein: Leben so, als ob die Ewigkeit vor ihnen läge!

Meine Freunde und ich meditierten lange über diese Episode.

Der Rädelsführer

Die Morgensuppe des trostlosen Magenfahrplans kam meist etwas spät in die Offizier Baracke und wurde sogleich mittels primitiver Kellen in die bereitgestellten Blechnäpfe oder Teller gefüllt. Jedesmal erhob sich dann hier und dort ein ärgerliches Schimpfen, wie dünn die Suppe wieder einmal sei.

Eines Morgens nun im Herbst 1948 platzte uns der Kragen. Die Suppe war wieder einmal einem gelblichen Flusswasser ähnlicher denn einer Mahlzeit, und so glomm inmitten des Stimmengewirrs über dieses schamlose Anerbieten plötzlich die Meinung auf, man sollte doch die Brühe wieder zurückgeben. Der Rat fand sofort Zustimmung, und rasch kippten alle - etwa 140 Mann – den Inhalt ihrer Schüsseln wieder in die Holzeimer. Aber was sollte man nun mit dem „Flusswasser", das trostlos dampfte, anstellen: wohin mit ihm?
„Zur Wache, damit die sehen, was man uns vorsetzt" – „Kipp es vor die Tür" – „Nee, bring es zur Küche, wo es herkam" – so schwirrten die Ansichten. Schließlich setzte sich die Meinung durch, es zur Wache zu bringen, damit der ganze Vorgang einen offiziellen Anstrich erhalte.

Also bemächtigten sich die Essenholer wieder der Eimer und schleppten sie auf die Wache, wo der sowj. Dejournij hockte. Ehe dieser recht begriffen hatte, was vor sich ging, standen 14 immer noch dampfende Eimer vor seiner Nase, ordentlich aufgereiht zwar, aber im Grunde an dieser Stelle, da mitten auf der Straße, vollkommen deplatziert. In der Baracke machte man sich indessen beruhigt, aber etwas hungrig an die Morgenarbeit. Etwa eine Stunde lang störte nichts dies friedliche Bild, bis plötzlich der Ruf des Barackenältesten, des ruhigen, sehr beliebten Obersten L. ertönte: „Wir haben ja heute früh die Suppe zurückgeschickt. Ich komme von der Operativabteilung, wo man von mir forderte, ich hätte sofort zu melden, auf Grund *welcher* Anordnung und v.a. *wessen* Anordnung die Nahrungsaufnahme der Baracke heute morgen verweigert worden wäre. Ich erklärte, man habe, wie dem Dejournij und der Küche bereits mitgeteilt worden wäre, die Suppe für ungenießbar befunden und deshalb zurückgesandt. Auf die Frage, wer das angeordnet hätte, habe ich gesagt, das sei der Entschluss der gesamten Baracke gewesen. Die „Kanacken" (so nannten wir die sowjetischen MWD-Angehörigen) sind dann sehr grob geworden und haben mich beschuldigt, eine Revolte inszeniert zu haben, worauf ich sie für dusselig erklärte und weggegangen bin. Das war vor einer halben Stunde. Jetzt ist eben eine Kommission von zwei sowjetischen Offizieren bei mir hier in meiner Bude eingetroffen und wird nun jeden einzelnen vernehmen. Ich bitte also, einzeln hier bei mir zu erscheinen und sich zu der Frage der Suppenverweigerung zu äußern."

Ein Riesenhallo war die Antwort. „Blödsinn" – „Schickt die Brüder wieder weg" – „Kippt ihnen doch die Suppe über den Schädel..." so ähnlich lauteten die Zwischenrufe. Doch der Oberst übertönte dies Toben mit der Bitte, ihn nicht im Stich zu lassen und nun auch zur Tatsache der Essensverweigerung zu stehen. So begab sich denn Mann für Mann in die Stube des Barackenältesten, wo zwei der bekannten, gehassten MWD-Offiziere mit ihren Riesenschulterstücken und blauen Tellermützen am Tisch hockten. Sie saßen jeder vor einer ellenlangen und noch breiteren Liste und begannen sofort ihre Vernehmungen, wobei sie die Antwort auf jede Frage in das hierfür vorgesehene Kästchen schrieben:
„Name? – Vorname? – Vatersname? – Geburtstag? – Geburtsort? – wo gefangen?".
Die alte Leier. Diese Einleitungsformel kannten wir schon zur Genüge. Aber dann wurde es spannend. Frage folgte auf Frage:
„Haben Sie die Suppe verweigert?" – „Warum haben Sie die Suppe verweigert?" – „Wer hat Ihnen den Rat gegeben, die Suppe zu verweigern?" – „Haben Sie mit irgend jemanden gesprochen, als Sie die Suppe verweigerten?" – „Wie ging die Verweigerung vor sich?" – „Haben Sie einen Nachbarn aufgefordert, dasselbe zu tun?" – „Haben Sie gehört, wie ein Nachbar einen Dritten aufforderte, die Suppe zurückzuweisen?" – „Wer ordnete an, dass die Suppe wieder in den Eimer gegossen wurde?" – „Haben Sie jemanden aufgefordert, die Suppe in den Eimer zurück zu gießen?" – „Hat Ihnen jemand den Rat gegeben, die Suppe in den Eimer zurück zu gießen?" – „Haben Sie gehört, wie jemand einem Dritten den Befehl gegeben hat (oder den Rat), die Suppe zurückzuschütten?" – „Wer hat angeordnet, dass die Suppe auf die Wache gebracht werden soll?" – „Wer hat die Suppe auf de Wache gebracht?"
So etwa ging es. Jeder der 140 Mann wurde befragt. Das Ergebnis wurde sorgfältig eingetragen.

Die Gespräche in der Baracke hatten sich schlagartig von der bisherigen Tätigkeit abgewandt. Alle diskutierten den Fall „Suppenverweigerung". Die Fragen, die Art der Fragen, die Art der Vernehmung, mögliche Folgen, ob den Zug- und Gruppenführern oder etwa den Essenholern etwas passieren könnte, *was* ihnen passieren könnte, ob der Russe es als Meuterei auslegen würde? „ Er wird alles versuchen, es zu einer Meuterei zu frisieren!" rief ein besorgter Major in die Debatte „und vor allem wird er versuchen, herauszubekommen, wer die treibende Kraft hierbei gewesen ist. So macht er es immer!"

„Ha-ha – er sucht wie immer die Rädelsführer! So ein Blödsinn! Dabei gibt es nur einen, nur einen, aber den haben wir ja zur Wache geschleppt. Die Suppe!“ „Mensch – das ist richtig ! Steht die nicht noch vor der Wache?“ „Nee, die Küche hat die Eimer abgeholt, die Suppe ist sicher schon wieder im Kessel für mittags!“

Da hob Ludwig G. mit weitaufgerissenen Augen, grinsend den Finger: „Wie gut, dass man morgens lange schläft! Ich habe von dem Ganzen nichts mitgekriegt und bemerke eben, dass meine Suppe noch hier steht!“ Und damit balancierte er listig seinen Blechnapf vom Wandbord herunter. Die Herumwohnenden betrachteten aufmerksam die Flusswasserbrühe, die nun im Zustand der Erkaltung noch trübseliger aussah. Ein winziges Flöckchen kalter Talg hatte sich gebildet, das wie ein Südsee-Atoll einsam schmutzig-grau auf der Brühe herumschwamm: „Jetzt werde ich gehen!“ verkündigte Ludwig G. und ergriff den Napf. „Ich werde ihnen einmal den Rädelsführer zeigen!“
Nach 5 Minuten erschien er grinsend wieder. Er berichtete: „Ja, erst haben sie mich auch mit den 25 oder wer weiss wie viel Fragen gelöchert, dann habe ich ihnen gesagt: „Meine Herren, wie mir scheint, suchen Sie den Rädelsführer. Glauben Sie nicht, das ein jeder der 140 Stabsoffiziere Manns genug ist festzustellen, dass diese Suppe ungenießbar ist, ohne dass er seinen Nachbarn befragen muss oder hierzu angestiftet worden ist? Sehen Sie einmal dies hier – und damit schob ich Ihnen den Teller vor die Nase - wenn Sie so etwas sehen! Und dann habe ich drin herumgerührt. Die beiden Offiziere streckten ihre Nasen über den Napf und betrachteten sich den Trauerfall. Dann hat der eine nach einen Löffel verlangt und begonnen, selbst darin herumzurühren. Ja, und dann haben wir eben zu Zweit, gerührt, er drüben, ich hüben. Und alle drei haben in die Brühe geglotzt, die beiden drüben, ich hüben. Und nichts ist an die Oberfläche gekommen, kein Krümchen, nur das einsame Talgflöckchen schwamm auf den Wellen. So haben wir mindestens 2 Minuten gerührt. Ich bin fast geplatzt über die Gesichter! Schließlich haben sie die Suppe mitgenommen, ich war sowieso der Letzte." So schien der Rädelsführer gefunden zu sein. Wir machten uns befriedigt an die Arbeit, die völlig sinnlos für unsere Begriffe unterbrochen worden war.

Doch wir täuschten uns. 14 Tage später tauchte der bekannte Läufer der Operativabteilung in der Baracke auf und nacheinander wurden sie geholt: der Essenholer, der Nebenmann des Essenholers, der Gruppenführer einer anderen Gruppe .... Nach Stunden kamen sie mit ernsten Gesichtern wieder, lächelten erst dann, als sie sich wieder im Kreise ihrer Kameraden in der wärmenden Sicherheit der Kameradschaft wussten. Dann sagte der

Zugführer langsam und nachdenklich: „Sie suchen immer noch die Rädelsführer!"

Der Weg ist weit

Lager "Perwo-Maika" bei Swerdlowsk

Unser täglicher Wieg zur Arbeitsstätte im Großbau-Objekt führte vom Maika-Lager über eine öde Fläche, die wohl einmal Äcker gewesen sein mochte, nun aber brach lag, weil man dorthin weitere Fabrik- oder Wohnanlagen bauen würde. Es war vor allem im Winter von einer Straße kaum etwas zu bemerken. Wir pilgerten in scharfem Ostwind, beschossen von Tausenden von Eisnadeln, vom Lager zum Objekt, vermummt bis auf die Augenschlitze, froren trotzdem, denn die Wattesachen waren nicht mehr von derjenigen Qualität, die Winterstürmen gewachsen waren.

Zeichnung KOB)

Unser Weg wurde – etwas schräg – gekreuzt von der großen Fern-Eisenbahnstrecke Moskau-Wladiwostok. Näherten sich Züge dieser Kreuzung, was man weithin erkennen konnte, wonach sich auch bald die rotweißen Bahnschranken schlossen, dann hielten die Posten den Konvoi an, weit ab vom Geleis, ließen die Hundeführer Posten beziehen und waren sehr aufgeregt.

Dann kroch der endlos lange Zug heran, eine dicke Dampfwolke, mit grauem Rauch vermischt, aus dem Schlot der Riesenmaschine, deren sirenen-artiges Geheule wir Tag und Nacht im Lager hören konnten, in den klaren Winterhimmel spuckend. Denn von den Schranken ab nach Osten stieg die Bahntrasse deutlich an, und die Loks hatten viel zu tun. Es waren viele Güterzüge. Auf den offenen Waggons waren Kisten hoch aufgetürmt. Es war Winter 1952/53. Wir konnten die Beschriftungen der riesigen Kisten gerade noch lesen: es waren koreanische Schriftzeichen, also Kriegsmaterial, das da nach Osten rollte. Greifbare Zeitgeschichte für uns, die wir sonst kaum etwas von der großen weiten Welt erfuhren.

Ab und zu begegneten wir – da im Schnee stehend und wartend und frierend dem Fernost-Express. Es war wie im Märchen, wenn der Zug dann, wie es gelegentlich geschah, vor dem Signal hielt, und wir die in Dampf gehüllten Luxusklasse-Waggons ganz in der Nähe sehen konnten. Man sah, dass hinter den Fenstern kleine Lämpchen glühten, und wir konnten uns noch sehr gut selbst daran erinnern – ohne Gedächtnisstütze! - wie es da drinnen aussah, wie es da drinnen roch, welche herrlichen Geräusche doch rollende Räder machten, wie sie in den Schienenstößen tuckten, wie es ist, wenn der warme Körper der Reisebegleiterin ganz dicht neben dir atmet, wenn der Kopf an deiner Schulter ruht ... . Und während man das so denkt, während der Blick auf dem Glühlicht hinter der Gardine liegt und es im Herzen brennt, da bewegt sich plötzlich der Vorhang – eine kleine Hand schiebt die beiden Teile des hellbraunen Stoffes zur Seite – man bemerkt, wie die Hand die Fensterscheibe, die weiß beschlagen ist, blank wischt, und dann lugt ein Auge da durch den winzigen freien Fleck hindurch, und man glaubt, dieser Blick habe ihm gegolten, dem Sträfling da im Schnee.

Das herauslugende Auge wird uns sehen. Das Menschlein, da im Warmen sitzend, wird eine Minute nachdenken und wahrscheinlich denken: „Na Ja, Häftlinge, davon haben wir hier in der SU genug! Geschieht ihnen recht..." oder es wird denken: „Ach, die Armen, dass es sie erwischen musste! Gottlob bin ich nicht dabei ..." und das Menschlein wird sich zurücklehnen, die Vorhänge ordnen und zum Teeglas greifen.

Dann wird ein Ruck durch den Zug gehen, die Lok hat aufgeheult, zwei-drei-viermal – und langsam wird der braun-schwarze metallische Wurm mit den vielen Augen, den blass gelb leuchtenden, anrollen, er wird große Dampfwolken seitlich herauszischen lassen, er wird im Osten, bald da hinter dem Hügel mit dem Signal verschwunden sein.

Und dann wird der Ruf: „Dawai!" erklingen, wird das Gebrülle der Posten wieder losgehen, und die Wirklichkeit hat uns wieder – unendlich lange fünfundzwanzig Jahre, von denen gerade drei vergangen sind – von denen man nicht einmal weiß, ob sie gezählt worden sind.

Bosko

Auch die Kreatur empfand, dass unser Verhältnis zu den Russen irgendwie anders, gespannt, wenn nicht feindselig war. Aus dieser Erkenntnis stammte wohl das verständliche Verbot, Hunde im Lager zu halten: Die Tiere hätten womöglich Partei ergriffen und wären den Russen peinlich geworden.

Ab und an verlief sich doch ein Hundewesen in unserer Lager-Umzäunung und verschaffte dem Betreuer – Anwärter hierauf gab es mehr als genug – ein Objekt der ungehemmten Fürsorge. Meist waren es Hundebabys, die man auf der Baustelle geschenkt bekommen hatte und in der Jacke durchs Tor schmuggelte. Die Tierchen ließen sich ziemlich lange verbergen; die mangelnde Bewegung brachte es naturgemäß mit sich, dass sie meist rasch fett wurden, eines Tages einem der von den Wachtürmen herabglotzenden Posten auffielen und in dessen Kochgeschirr verschwanden – sehr zum Kummer der Besitzer.

Eine Hundeseele aber hatte es geschafft, das kritische Alter zu überstehen. Unter den Fittichen eines Brigadiers war „Bosko" herangewachsen und hatte sich zu einem prächtig gelungenen Mops-Spitz-Dackel entwickelt. Einmal hatte ein Posten nach ihm geschossen und ihm einen Fetzen aus dem rechten Hinterteil herausgerissen. Das konnte Bosko nie vergessen. Wo er eines Uniformierten mit einem länglichen Dingsda in der Hand ansichtig wurde, nahm er Deckung hinter Filzstiefelschäften, deren es einige Hundert gab, Schneewechten oder sonstigen Dinglichkeiten.

Täglich ging er mit zur Baustelle und hatte ein beachtliches Geschick, trotz sorgfältiger Zählkontrolle der Russen, die die Brigaden zu fünft mit großem Abstand zwischen den Fünferreihen durchs Tor marschieren ließen, unbemerkt hinaus und herein zu schlüpfen. Er hatte jedesmal sofort heraus, wer von uns irgend etwas trug, Eimer, Werkzeug, die Verpflegungskiste oder sonst was. Hierhin begab er sich und blieb äußerst geschickt im Schlagschatten der Gegenstände, allmählich so dem Tore näher rückend. Dann wurde er immer kleiner – es war verwunderlich, wie er es schaffte, sich zu verkrümeln –, so dass er die entscheidenden Schritte durchs Tor in einer 5er-Reihe schier unsichtbar durchtrippelte. War dies geschafft, stürmte er, Rute hoch, Kopf erhoben, mit fliegenden Ohren laut bellend ins Lager oder hinaus, je nachdem, wohin die Kolonne gerade gerichtet war.

Die russischen Posten versuchten zunächst, Bosko zu jagen, aber er war schlank und pfiffig und entwischte ihnen. Schließlich fanden sie Gefallen an der Geschicklichkeit und der „kleinen Zirkusvorstellung", die Bosko täglich gab, lachten, wenn er wieder – wie ein „Flattergeist" – trotz aller Aufmerksamkeit plötzlich vergnügt bellend aus der Kolonne herausschoss, stolz als Sieger, und ließen ihn am Leben. Er ist 1953 mit uns „heim" gekehrt.

Weihnachtsbäume

Jedes Jahr, wenn sich die Weihnachtstage näherten, machte man sich Sorgen, ob und woher wir Weihnachtsbäume bekommen würden. Zwar hatte die russische Lagerleitung jedes Jahr zugesagt, Bäume zu liefern, aber meist war es bei einem Baum je Baracke und dem großen Lagerbaum geblieben, der mit elektrischen Birnchen geschmückt weithin durch die Winternächte leuchtete. Die kleinen Wohngemeinschaften aber bangten alljährlich, ob sie für ihre kleinen Weihnachtsfeiern ein Tännchen oder nur einen Fichtenzweig ergattern würden.

Im Maika Lager wanderten wir täglich fast 5 km zur Baustelle. Wir durchquerten dabei ein Wohnviertel mit einer Anlage, deren Mittelstreifen ein Blumenbeet einnahm. Als die obligaten Ringelblumen und Fuchsschwänze verblüht waren, kurz vor dem ersten Schnee, machten sich die Gärtner an die Winterbepflanzung und setzten Tännchen. Eine lange Reihe süßer kleiner Fichtenbäumchen!

Unsere Herzen hüpften froh! Gottlob, das war eine günstige Lösung unseres Christbaumproblems. Was scherte uns die Gefahr, von wilden Posten etwa angeschossen zu werden! Im Gegenteil, es war ein höchst spannender Sport, angesichts der MWD-Armisten und von diesen unbemerkt, blitzschnell ein Christbäumchen zu stibitzen.

Nach mehreren Hin- und Rückmärschen hatte man das Bäumchen ausgewählt, das man sich „holen“ wollte. Dann reihte man sich in die Außenreihe ein, und – husch – raus die 3 Meter – grapsch ein Griff und flugs wieder in die Reihe. Kurzer Platzwechsel mit einem Kameraden nach innen, um in der Kolonne zu verschwinden und sorgfältig das Fichtenkind verpackt: Bindfaden, Hölzchen und Handtuch hatte man vorsorglich mitgebracht. Nun wurde die Erde aus dem Wurzelwerk herausgeschüttelt, das Bäumchen sorgfältig zusammengerollt, die Spitze mit dem Hölzchen gegen Abbrechen geschützt und das Ganze in das Handtuch gerollt. Die längliche Rolle verschwand dann im Ärmel oder sonst wo unter der faltenreichen Wattebekleidung.

Die Fichten in der Pflanzung wurden immer weniger! Bald deckte der Schnee die Narben im Erdboden zu, neue, sehr auffallende wurden gerissen, aber der Schnee war unermüdlich! Kurz vor Weihnachten war die Pflanzung von etwa 200 Bäumchen kahl. Ob die Russen auch mittgeholfen hatten, lassen wir dahingestellt.

Arbeitseifer

Auf unserer Großbaustelle herrschte dicke Luft. Wir Angehörige des Straflagers hatten verständlicherweise ein äußerst schwach entwickeltes Arbeitsethos. Wo wir konnten, drückten wir uns. Mein geschnitztes Schachspiel ist noch heute Zeugnis meiner Arbeit, die sich im Winter meist am Ofen oder am Feuer abspielte. Wie viel Holz haben wir nicht verfeuert. Halbe Wälder!

Den sowjetischen Bauführern wurde diese Bummelei, diese passive Resistenz, allmählich zu viel. Sie beschwerten sich im Lager. Und so tauchten dann prompt zu nicht bestimmbaren Zeiten MWD-Offiziere zu überfallartigen Razzien auf den Bauplätzen auf, um die Nichtarbeiter zu erwischen und der Bestrafung zuzuführen: Karzer wegen Arbeitssabotage nach endlosen Vernehmungen, Post- und Paketsperre waren die Folge. Vor allem aber drohte Entzug der Postkarten, die an die Angehörigen geschickt werden konnten, als die schwerste Strafe, weil hierdurch den Angehörigen daheim Angst und Sorge durch die fehlenden Nachrichten eingejagt wurde.

Eines Tages, als die Bummelanten wieder einmal weit entfernt von ihren Arbeitsplätzen an Feuern oder Öfchen herumstanden oder -hockten, wimmelte es plötzlich wieder einmal von „Blauen“. Wir nannten so die Angehörigen der MWD nach ihren blauen Mützen. Die Offiziere schwärmten aus und begannen ein veritables Kesseltreiben. Den meisten der Verfolgten gelang es jedoch sich irgendwo in arbeitende Gruppen Mitgefangener einzumogeln, von den Kameraden sofort und nahtlos aufgenommen. Dies Verfahren war auch schon dutzendmal mit Erfolg geübt worden.

Einer Gruppe aber, die plaudernd und wohl etwas unaufmerksam am Feuer gestanden hatte, war der Besuch entgangen. Die Flucht glückte nicht. Die Deutschen wurden, selbst von Deckung zu Deckung flüchtend, schließlich in eine Ecke abgedrängt, wo es ihnen mit Sicherheit nicht gelingen würde, wie wir anderen mit Sorgen beobachten konnten, sich den Blicken der Verfolger und damit der Ermittlung zu entziehen. Die Kameraden waren schon nahe dran aufzugeben, schienen schon zu überlegen, welche Ausrede sie zusammenlügen könnten, als plötzlich einer der insgesamt acht Männlein

(Zeichnung KOB)

einen größeren Stapel Ziegelsteine erblickte. Rasch sprang er, noch unbemerkt von den Blauen, an den Ziegelstapel, ergriff einen Stein und reichte ihn seinem Nachbarn. Dieser begriff blitzschnell, stellte sich einige Schritte entfernt auf und gab ihn mit Schwung weiter. Im Handumdrehen entwickelte sich eine Kette formvollendeter und emsiger Arbeiter.

Die Russen erschienen, blieben andächtig stehen, besahen sich dies lobenswert-rührende Bild deutschen Fleißes und nickten Beifall: „Charascho!! Choroschi rabotschiki!! pravelna, pravelna!“ hörte man murmeln. Sie sahen eine Weile zu, bewunderten Tempo und Ausdauer und zogen sichtlich beruhigt von dannen.

Glücklicherweise war ihrer Aufmerksamkeit völlig entgangen, dass diese acht fleißigen Ziegeltransporteure die Steine an einer Ecke des Stapels aufgehoben, sie alsdann von Hand zu Hand einmal um denselben herumgereicht und dann an derselben Ecke wieder niedergelegt hatten!

Kater und Maus

März 1949, die ersten Frühlingssonnenstrahlen lockten uns aus den dunklen Erdbaracken, in denen wir sechs lange Wintermonate in Duft und Dunst überwunden hatten. Die Luft war erstmalig weich und doch frisch, wie Quellwasser konnte man sie trinken. Wir hockten rund um den Baracken-Eingang herum, der einer Schießscharte glich, auf Schemeln oder auf den Rundhölzern der stufenartig nach unten in die Barackenhöhle führenden Wandverkleidung, dösten, rauchten und blinzelten.

Plötzlich wurde die Idylle durch den kleinen weißen Lagerkater gestört, der einher gewandert kam, eine kleine graubraune Maus in seinen Zähnen. „Der hat's gut; fängt sich sein Beefsteak selbst!“ bemerkte einer nickend. Der Kater rückte in den Mittelpunkt des Interesses. Er begab sich auch räumlich in den Mittelpunkt, setzte sich mitten vor den Türeingang, kurz vor die oberste Treppenstufe, wohl um uns seinen Fang zu zeigen.
„Scheint wenig Hunger zu haben, der Kerl, sonst hätte er die Maus längst gefrühstückt.“
„Frisst sich ja überall durch. Der hat's nicht nötig!“
“Mensch – guck mal, der lässt die Maus wieder laufen!“

Tatsächlich! Der Kater legte die Maus zu Boden, unmittelbar vor seine weißen Pfoten, und – ja, wirklich, er würdigte sie keines Blickes! Die Augen zu schräggestellten Schlitzen zusammengezogen blinzelte er gleich uns in die Sonne.

Die Maus lag regungslos.
„Haach – die Maus ist ja tot!" „Nee, die tut bloß so."

Und wie sie „getan" hatte, schwupp rappelte sie sich hoch und wischte davon. Schwapp, hatte der Kater sie wieder gefasst und, ein paar Mal fest zubeißend, trug er sie wieder an den alten Platz zurück. Die Maus lag, sichtlich mitgenommen von der Prozedur, wieder vor seinen Krallen.

„So macht's der Russe mit denen, die aus dem Lager getürmt sind. Er verdrischt sie und bringt sie zurück. Dort wieder Dresche! Da wirste jede Menge weich, mein Lieber."
„Genau wie jetzt die Maus", kam eine gedankenvoll gesprochene Bemerkung. Man schien Erfahrung zu haben.
„Und doch versuchst es immer wieder . . . !"

Wutsch – war die Maus ganz unvermittelt wieder aufgesprungen, doch zu aller Überraschung diesmal nicht seitlich davon, sondern zwischen und unter die Beine des Katers. Der sprang auf, die Maus rückwärts fort - blitzschnell drehte sich der Kater um sich selbst und – ein Hieb mit den Krallen: die Maus lag unter seinen Pfoten. Wieder trug er sie zurück und postierte sich dahinter. Die Maus machte einen erbärmlichen Eindruck, ein Tropfen Blut stand unter dem rechten Vorderbein auf ihrem etwas zerrupften graubraunen Fellchen.

„Sieh'ste, so geht's uns auch. Er fischt uns immer wieder -- der Russe." kam es resigniert und traurig aus einer Ecke. Merkwürdig war, dass niemand für die Maus Partei ergriff und sie dem Kater fortnahm. Vielleicht mochte der Hunger, den wir alle Jahre hindurch erlebt hatten, den Ausschlag für diese Haltung geben: Auch einem Kater nimmt man nicht das heilige Fresschen weg!

Bewegungslos saß der Kater, wie tot die Maus.

„Er lässt uns nie wieder aus seinen Klauen! Da seht Ihr's. Wir sind alle die Maus. Wir kommen ebenso wenig nach Hause wie die Maus in ihr Loch. Könnt Euch drauf verlassen."

Was alle gedacht, jedoch keiner zu sagen gewagt hatte, war nun ausgesprochen. Stumm blickten wir auf das kleine Drama in weiß und mausgrau da zwischen uns.

Da, plötzlich, keiner hatte gewagt, so etwas für möglich zu halten, riss sich die Maus jählings hoch, sprang wieder unter den Kater, der, wie schon einmal, sich blitzschnell herumdrehte, die Maus jedoch sprang wieder zurück, sodass der Kater gezwungen war, eine zweite Kehrtwendung zu machen und witsch war die Maus wieder unter dem Kater, schoss hinter ihm heraus und sauste so rasch, dass wir kaum mit den Blicken folgen konnten, auf den Baracken-Eingang zu. Ehe der Kater die Fluchtrichtung recht erkannt hatte, war die Maus im Knüppel- und Rundholz der Verschalung verschwunden. Ärgerlich zog der Kater von dannen.

Er muss uns doch einmal freilassen! Keiner sprach es aus, jeder dachte es: Er wird uns freilassen! Wie der Kater die Maus, freiwillig oder unfreiwillig. Er muss und er wird . . . !

Wird es irgendjemanden auf der Welt geben, der sich hierfür einsetzen könnte? Die Angehörigen – ja! Aber, was gilt deren Stimme? Hier wurde uns doch immer wieder gesagt, dass wir „ausgestoßen" seien aus der Familie der Völker. Es gab niemanden, der unsere Interessen vertrat – kein Genf, kein Rotes Kreuz – Seit 1945 war niemand dagewesen, der uns Mut hätte geben können zu glauben, er würde uns hier in Russlands Weiten zur Kenntnis genommen haben. Wir hingen doch in der Luft – rechtlos – wie die Maus! Doch wir leben noch. Und wir wollen uns zur Wehr setzen, wie wir es hier gerade noch leisten könnten – nie aufgeben !

Maltschik

Winter. Bei nächtlicher Finsternis stehen wir auf, es ist schon wieder Nacht, wenn wir ins Lager zurückkehren. Es ist bitter kalt, oft windig, was schlimmer noch ist als Kälte. Sie treiben uns zwischen sich her, die halbwüchsigen Posten, die MWD-Soldaten, die durch ihre Vorgesetzten scharf gemacht worden sind. „Das sind gefährliche Kriegsverbrecher! Sie haben Frauen und Kinder gemordet, geplündert, Gräueltaten begangen, geraubt" – was man den Burschen sonst noch alles eingeblasen hatte.

Arrogant, wie jede Jugend eines totalitären Regimes, die von diesen Ideen verseucht und organisiert ist, behandelten sie nicht nur uns, auch die Sowjetbürger meist recht übel. Ich erinnere mich noch der Bilder, wie die Bengels ihre mannscharfen Schäferhunde an langer Leine auf Zivilpersonen hetzten und sich freuten, wenn diese entsetzt zur Seite sprangen.

Wir waren eine kleine Brigade, abgezweigt worden, um an einem Kesselhaus eine Arbeit zu verrichten. Niemand wusste genau, was es war. Am Kesselhaus melden, hatte es geheißen, Marsch. Durch Kiefernwald, einem älteren Bestand ohne Unterholz, pilgerten wir durch die Dunkelheit. Es hatte stark geschneit. Wir stapften durch die weiße Watte. Das diffuse Licht, das der Schnee von irgendwo her aufnimmt und reflektiert, erhellte den Pfad nur schwach.

Endlich taucht das Kesselhaus auf. Wir hoffen auf ein warmes Plätzchen und werden bitter enttäuscht. Das Kesselhaus, das einen schwarzen Stahlschornstein wie ein Teleskop in den winterlichen Sternenhimmel reckt, ist ein Neubau, kalt, tot, finster. Natürlich ist kein Meister, der uns die Arbeit zuweisen würde, zu sehen. Unter der weisen Führung der uniformierten Wichtigtuer stehen wir zunächst eine viertel Stunde im Schnee herum. Dann verhandelt unser Brigadier mit dem Konvoi-Führer, weist darauf hin, dass wir unmöglich da stehen bleiben könnten, schlägt vor, dass die Brigade seitlich an einem Bretterstapel lagert, Feuer macht – „Njiet!“ ist die Antwort.

Wir warten wortlos, die Pfeifen und Zigaretten glühen trotz Verbot. Wir hören nicht hin, wenn eine Stimme aus der Nacht bellt: „Ni kurit!“, oder knurren etwas Unhöfliches zurück. Endlich gelingt es unserem rührigen, jungen, prächtigen „Hein-Mück“ die MWD-Posten von dem Wahnsinn, uns da herumstehen zu lassen, abzubringen. Wir hocken auf den Bretterstapeln und grübeln in die Dämmerung.

Allmählich ist es heller geworden. Das Kesselhaus verwandelt sich von einer Silhouette in einen Körper, Fenster lassen sich von Wänden unterscheiden, und die ersten Ahnungen von Farben sind bemerkbar. Auch auf dem Pfad ist es lebhafter geworden. Einzelne Sowjetbürger hasten aus der Dunkelheit hervor, stapfen in die Lichtung vor dem Kesselhaus, wo mitten auf dem Weg der Posten steht mit ellenlangem Gewehr, Bajonett aufgepflanzt. Der Bursche bellt den Ankommenden an, worauf der unverzüglich gehorchend den Pfad, den freigetretenen, verlässt und in weitem Bogen durch tiefen Schnee stolpert, die helle Farbe seines Gesichtes uns zuwendend, bis er irgendwo im Dunkel verschwindet.

(Zeichnung KOB)

Wir verfolgen das Spiel mit Aufmerksamkeit und verhaltenem Zorn. Wir sehen, wie die Passanten in den knietiefen Schnee gescheucht werden, wie sie sich hindurch wühlen, der Schnee ihnen oben in die Filzstiefel hineinfällt – nur, weil es dem Posten Spaß macht. Zwischen uns, die wir im Dunkel der Bretterstapel sitzen, und dem Pfad sind mindestens zehn Schritt.

Plötzlich erscheinen am Rande der Lichtung zwei schlanke Gestalten. Weiße Filzstiefel, gut geschneiderte Kostüme, wippende Rockränder und schwarze Barette mit weißem Besatz sind zu erkennen, und mit etwas Phantasie glaubt man, hübsche Gesichter zu entdecken. Die beiden Mädchen schwatzen mit hellen Stimmen miteinander, ab und zu kichern sie. Raschen Schrittes, auf dem Pfad dicht hintereinander gehend, nähern sie sich dem Posten, der der ersten barsch das Gewehr entgegenstreckt.
„Idi ssuda – geh da herum!“ bellt er die erste der beiden an, seiner Worte sicher und der Bedeutung, des Gewichtes seines Befehls.
Aber welche Wirkung! Das Mädchen zieht eine mit weißem Fäustling bedeckte Hand aus dem Müffchen hervor, schiebt mit einem energischen Griff das Gewehr zur Seite, drückt den Posten aus dem Wege, dass er überrascht zwei, drei kurze Schritte in den Schnee stolpert und ruft im Vorbeigehen mit heller Mädchenstimme ein Wort über die Schulter zurück, so recht verächtlich und hochmütig, wie 18-jährige Mädchen aller Länder und Völker sein können.

Und dies Wort löst bei uns da im Dunkel des Sträflingsdaseins Jubel aus, dem wir auch unverhohlen Lauf lassen – fröhlich das eben gefallene Wort aufgreifend, weitergebend, wiederholend, dabei den betroffenen Posten jedesmal ein Stück kleiner werden lassend.

Und das Wort? Womit hatte das Mädchen ihn so getroffen? Sie hatte ganz schlicht aber höchst despektierlich “Maltschik“ gesagt. Und das heißt: „Bübchen“.

Der dumme Hund

Wenn ein Menschenpulk irgendwo auf der Baustelle entstand, dann wurde man neugierig. Zwar schätzten die immer misstrauischen Russen dann solche Ansammlungen nicht, wenn da Deutsche unter sich einen Pulk bildeten, wenn sie selbst aber Kernpunkte der Versammlungen waren, dann schien ja alles in Ordnung.

Als wieder einmal ein solcher Pulk entstanden war, mischte ich mich darunter: Mal sehen, was da los ist. Neben mir ein Freund, der russisch perfekt sprach. Er übersetzte mir, was da diskutiert wurde.

Da war also der Anatoli (keine Ahnung, wer das war), und dieser Anatoli hatte Glück: es gelang ihm 20.000 Rubelchen zu unterschlagen! Irgendwie, irgendwo – Nitschewo, auf jeden Fall, Anatoli erregte Bewunderung, unbestreitbar! Aber, das wäre kein Grund gewesen, dass sich da die russischen Arbeiter – die Kernpunkte des Pulks – fast totlachten, sich aus Vergnügen – offenbar reinster Art – auf die Schenkel schlugen.

Nein: „Der Anatoli, dieser dumme Hund – dieser DURAK, der hatte alle 20.000 Rubelchen für sich allein behalten! Warum, um alles in der Welt – „Tschort s'najet" – der Teufel mag es wissen, hat der blöde Hund nicht daran gedacht, seine Vorgesetzten zu berücksichtigen!?! Hätte er bloß ein paar hundert Rubel dazu verwendet, seine Natschalniks zu bedenken, – nun ja, das wären allerdings so sechs oder sieben Vorgesetzte oder Mitwisser gewesen – also sagen wir 7 mal je 200 Rubelchen – macht 1.400 weniger! Dann wäre ja alles gutgegangen, aber er hat alles für sich behalten. Und nun nun sitzt er! Acht Jahre hat er gekriegt! Und nur, weil er so blöd war!

Aha, dachte ich – *das* ist der „Sozialismus" in Reinkultur.
Lachend gingen die Zuhörer wieder an die Arbeit, kopfschüttelnd: „Der dumme Hund – !"

Es sind Pakete da

Ein bemerkenswerter Schritt zur Verbesserung unserer Lebensbedingungen war, dass die von der Heimat abgesandten Pakete uns erreichten. Sie waren in mehrfacher Hinsicht ungeheuer wichtig.

Zum Ersten enthielten sie „Edelprodukte"– wie man das so nennt in der fortschrittlichen, ständig unter Mangel leidenden Sowjetunion, die unentwegt mitteilen ließ, wann sie die reaktionären, kapitalistischen, inhumanen, die Arbeiter ausbeutenden sonstigen Länder auf den Globus mit ihrer Wirtschaft überholen würde. Dann wurden wieder Prozentzahlen von ungeheuren Größen verkündet: 78 % mehr Nähmaschinen! Wenn man dann nachbohrte, stellte sich heraus, dass es nur wenige Fabrikate gab, dass die Steigerung dann einige hundert ausmachte, aber – in Prozenten – großartig klang. So wurde dem russischen Volk ständig Sand in die Augen gestreut: die „absteigenden Prozentzahlen" bei den westlichen Staaten wurden herausgestellt und die aufsteigenden, im Grunde faktisch minimalen Steigerungen der Sowjetwirtschaft groß gepriesen. Das „Volk" hatte sich daran gewöhnt, alles dies zu glauben; tat man das nicht, zweifelte man, dann gab es Vernehmungen, Rädelsführer wurden gesucht, ja, man konnte im

Verbannungsgebiet landen, also dort, wohin auch wir Kriegsgefangene zur Zwangsarbeit transportiert worden waren.

Die Pakete hatten zweitens einen großen Wert, weil wir damit in die Lage versetzt wurden, über die Norm-Arbeitszeit hinaus wach zu bleiben und zu *leben*! Ohne etwas Zusatzkost, und wenn es wenige Kalorien waren, reichte die Verpflegung gerade aus, um zu arbeiten und zu schlafen. Jegliche Art geistiger Betätigung scheiterte an der Übermüdung, an der Unfähigkeit, sich bei der kargen Kost irgendwie aufrecht zu halten. Bestimmt aber – drittens – trugen sie nicht dazu bei, etwa unsere Arbeitsleistung für die Sowjetunion zu erhöhen! Im Gegenteil: Niemand brauchte sich mehr wegen des dann zustehenden „Arbeiter-Zuschlages" anzustrengen, den man nur erhielt, wenn man 110 % der vorgeschrieben Arbeitsleistung erfüllt hatte. Diese Zusatzkost erhielt man erst 10 Tage nach der Leistung; man arbeitete also bei der normalen, dürftigen Kost zehn Tage hungrig – bekam erst dann die Zukost (Brotsuppe, Zucker in mikroskopischen Mengen), wenn man bereits abgearbeitet war. Es ist leicht vorstellbar, wie es sich auswirkte, wenn man krank war: dann bekam man die Zusatzkost, konnte sie aber nicht vertragen (etwa bei Magenverstimmungen, Fieber usw.) und gab sie weg, hatte dann aber, wenn man auf der Rekonvaleszenz-Schiene wieder rollte, zu wenig, um wieder aufzubauen. Ein Teufelskreis, der durch ein paar Löffel Haferflocken, Gries oder Mehl, Schmalz oder andere Fette aus den Paketen leicht durchbrochen werden konnte. Genau besehen – wir arbeiteten weniger!

Dann waren so winzige Kleinigkeiten plötzlich wieder da, die man auch im Kriege im Laden nebenan erhielt – in Deutschland! Faden und Nadel, Taschentücher, etwas feinere Seife, eine Nagelbürste, Zahnbürsten: Herrlichkeiten, die hier unvorstellbar waren.

Es gab ein „Magazin". Dort konnte – im Kollektiv – eingekauft werden. Stets vorhanden waren: Senfpulver, Hosenknöpfe mit Sowjetsternen drauf, Tintentabletten, Schreibfedern und auch mal Streichhölzer. Gelegentlich gab es Margarine.

Also – es gab Pakete! Und sie kamen im Allgemeinen gut an. Sie kamen nur an namentlich genannte Empfänger; Absender waren auch Organisationen. Dem Deutschen Roten Kreuz, der Arbeiterwohlfahrt, den kirchlichen Hilfswerken haben wir viel zu verdanken. Aber auch andere deutsche Stellen hatten sich Adressen geben lassen. So erhielt ich mehrere Pakete von einem Geistlichen aus Scheeßel bei Bremen. Ich erklärte, es sei ein Onkel von mir, tatsächlich habe ich ihn erst nach der Rückkehr kennengelernt. Pakete der Verwandten waren in dieser Frage problemlos, jedoch waren sie ihres Inhaltes wegen den Russen suspekt: Da könnten Spionage-Absprachen drin sein! Fluchtgerät in Konservendosen eingelötet – was sich eben so ein Hirn alles ausdenkt, das nur im Gedanken lebt, jederzeit von Revolutionen gestürzt oder zu mindest bedroht zu werden – wie sie es selbst seit Jahrzehnten taten. Bilder waren suspekt, Fotos wurden zerrissen, wenn mehr darauf zu sehen war, als etwa nur ein Portrait. Da gab es viel Schmerzliches.

Wenn der Ruf „Paketausgabe" erklang, dann eilte man, falls der Name in die Reihe der Aufgerufenen fiel – alphabetisch oder namentlich genannt – zur Ausgabestelle. Zunächst, bei Beginn der Aktion, war das chaotisch: Man hatte ja keine Ahnung, was in den Paketen sein könnte, wie der Russe das ausgeben würde, was darinnen war. So kam man mit ein paar Näpfchen oder einem Brett und konnte dann erleben, dass ein gehässiger Russe einem alles durcheinander auf das Brett oder in Näpfe schüttete, musste dann mit den bereits wartenden Kameraden eine Blitz-Fressorgie starten, damit das Herausgeschüttete – etwa Cornedbeef oder Öl – nicht verdarb.

Allmählich wurde auch dies „zivilisiert" geordnet. Der Russe öffnete das Paket, ließ unterschreiben und nahm alles heraus. Was offen mitnehmbar und aufbewahrbar war – Textilien usw. –, nahm der Empfänger gleich mit. Alles andere kam in den geleerten Karton wieder hinein, und man konnte dann zu späterer Zeit sich Einzelnes daraus geben lassen, was dann sofort auch geöffnet wurde. Aber darauf war man dann eingerichtet und nahm „Leergebinde" etwa für Marmelade oder Doseninhalte mit. Oft entstand dann trotzdem eine rechte Schweinerei – bis die Russen selbst erlernt hatten, mit diesen „kapitalistischen Dingen" umzugehen. Konserven kannten sie: die USA, „OSKAR MEYER", hatten große Mengen Kriegsverpflegung geliefert. Diese Dosen waren zu Tausenden vorhanden, zu Trinkbechern umgearbeitet – Henkel dran, oberer Rand gebördelt – und rosteten still vor sich hin. Sie mussten dann von unseren „Invaliden" wieder blitzeblank gescheuert und geputzt werden – eine irrsinnige Schwerstarbeit, da als Putzmittel nur Sand und Holzstückchen geliefert wurden. Vierzehn Tage nach dem mühseligen Geputze leuchtete der Berg der Dosen bereits wieder goldbraun von Rost, und das Spiel ging unendlich weiter – ! Ja, Oskar Meyers Hilfsaktion während des Krieges wirkte lange.
Im Aufbewahrungskarton stak eine Liste, in die alles exakt eingetragen und entsprechend mit Datum ausgestrichen wurde. Die Russen waren da akribisch genau. Sie legten auch wert darauf, dass wir den Empfang der Pakete an die Absender bestätigten. So ergab sich etwas völlig Neues! Gefangene, die noch nie hatten schreiben dürfen, erhielten plötzlich Gefangenenpostkarten und die Angehörigen erfuhren, oft erst nach fünf

Jahren und mehr, dass ihr Vermisster noch lebte. Er hatte zuvor Schreibverbot auferlegt bekommen, irgendwie hatte sich jedoch herumgesprochen, etwa durch Heimkehrer, dass er noch existierte. Man hatte es gewagt, ins Blaue ein Paket zu schicken, und siehe da: der Paketempfänger war wieder auferstanden, weil der Russe sich nicht nachsagen oder vorhalten lassen wollte, er unterschlüge Pakete!

Uns Gefangene trieb es die Tränen in die Augen, wenn aus dem Paket etwa ein Paar Wollhandschuhe herauskam, ein Schal, ein Paar Socken. Oder Zucker, Mehl, Puddingpulver, Milchpulver, Eipulver, denn wir wussten auch, dass und wie man sich diese Köstlichkeiten in der Heimat vom Munde absparen musste und wie teuer das war, besonders für die Familien von Berufssoldaten. Der zu Grunde gegangene Staat, der voller Soldaten steckte, hatte zwar den Soldaten eine „Position im Staat“ gegeben, der nach gekommene Staat, die „Zonenregierungen“ aber stellten fest, dass diese Kategorie Menschen im neuen Staatsgebilde „Unpersonen“ waren samt ihren Angehörigen. Sie wurden „außen vor“ stehen gelassen. Sie lebten von Erspartem, davon, dass die Mütter arbeiteten – irgendwo. Nur Frauen, die vorher bereits Berufstätige gewesen waren, erhielten Arbeit und Brot. Viel halfen die Kirchen.

Alles dies sprach sich zu uns herum und brachte zusätzliche Belastungen, brachte auch Scheidungen, die seelisch schwer zu verkraften waren. Aber: Wehe den Besiegten! Es gab viel darüber nachzudenken.

Jedenfalls, wir, die Pakete erhalten durften, waren entzückt und dankbar. Es war eine Selbstverständlichkeit, dass die Glücklichen denen abgaben, die keine Paketempfänger waren – wie man das nannte. Entweder es hatte jeder, bei dem sich die Versorgung mit Paketen eingespielt hatte, einen, den er regelmäßig betreute, oder man sammelte und der Barackenälteste verteilte anonym. Oder, man veranstaltete kleine Feste – etwa um einen Haferbrei herum, in den man Cornedbeef hineingemischt hatte, oder Kompott aus Trockenfrüchten, das als große Delikatesse galt und zu einem abendlichen Festmahl umfunktioniert wurde.

Eine große Bedeutung hatten Tee, Kaffee, Puddingpulver, Trockenmilch, Trockenei, Fruchtkonzentrate und Zucker. Mit diesen erlesenen Genüssen konnte man sich im kleineren Kreise ein „Fest“ leisten. „Zumpeln“ wurde dies – oft spöttisch – genannt, weil dann bunte, feine, große Taschentücher über Tisch oder Schemel gebreitet wurden und man sich gut anzog: Und „festlich“ war bereits ein sauberes weißes Hemd mit Kragen, dazu ein Kerzchen auf dem Tisch, selbstgegossen aus geklautem Stearin.

So wurden die als Lebenserhalter gedachten und zu uns hinter den Ural geschickten Pakete mit den „Liebesgaben“ zugleich zu kulturellen Hilfen und Stützen und erhielten Kulturniveau. Es waren oft lange Abende mit Gesprächen über Gott, die Welt und unser nicht mehr existierendes Vaterland. Diese Stunden erlaubten es, dass wir dann später, als wir endlich heimfahren durften, unsere Heimat nicht allzu fremd-geworden wieder erlebten.

Natschalniks und anerkannte Eleganz

Dass die russischen Natschalniks tüchtig waren, darüber gab es im Grunde keinen Zweifel: sie mussten uns ja „kaufen“, für uns bezahlen. Wenn es ihnen gelang, aus uns mehr herauszuholen, als geplant war, dann wurde man ein „Held der Arbeit“ – wenn nicht, ging es ins Kittchen – sprich nicht unter acht Jahren zunächst in ein Gefängnis, dann in ein Verbannungsgebiet, also dorthin, wohin man uns auch verfrachtet hatte.

Sahen wir aus unsren Neubauten in das „freie Gebiet“, also außerhalb des Zaunes, dann entdeckte man natürlich auch Russen „draußen“.

Und was interessierte – hüben und drüben? „Skolko let“, wie viel Jahre??“ Und das wurde mit Gesten mitgeteilt oder abgefragt: Die Frage bestand in je 2 kreuzweis vor das Gesicht gehaltenen Fingern, die dann ein kleines Gitter bildeten, und die Antwort waren dann die in entsprechender Anzahl hochgehaltenen Finger: 8 oder 10 – wir brauchten 5 mal unsre Hände: 5+5+5+5+5 = 25 , das war, was wir bieten konnten. Und es wurde voller Respekt zur Kenntnis genommen: Also „Politische“ – nun, die hatten einen besonderen Ruf, es zeichnete uns als „Gehobene“ aus, denen eine gewisse Eleganz dann wohl auch innewohnte.

Es gab aber auch eine andere Art „Eleganz“ – die der Natschalniks, der Vorarbeiter, Bauführer, Objekt-Chefs oder wie man sie immer nannte. Aber, wenn sie männlich waren, dann war ihnen eine symptomatische Schwäche zu eigen: Der Wodka! Gut, dass es dann die Deutschen gab: sie waren daran interessiert, dass man regelmäßig Arbeit hatte und abrechnen konnte. Ein Deutscher war ja auch in den Brigaden der „Normerowtschik“, der „Nach-der-Norm-Berechnende“.

Unabhängig vom Wodka aber sind die Frauen in der Sowjetunion. Ich habe im Baustellenbereich nie eine Betrunkene gesehen. Sie rauchten, Machorka oder Krimskaja, aber sie soffen nicht. Und so kam es, dass sich die Frauen oft in die entscheidenden Positionen hinaufarbeiteten.

Das Pracht-Stück aus dieser Kategorie war unsere „Obermeisterin“. Sie mochte etwa 40 Jahre alt sein, hatte sich ausgezeichnet gehalten, war mittelgroß, schlank fast sportlich, trug eine fast europäische Frisur, war auch meist gut frisiert und erschien in einem auf die Figur geschneiderten, hellgrauen Kostüm – mittellanger Rock, knapp sitzende Jacke mit weitem, tiefen Ausschnitt und Revers, darunter eine dünne Bluse. In diesem Aufzug erschien sie im Sommer um zu inspizieren. Sie war ausgezeichnet im Bilde, ließ sich von den Natschalniks oder den Brigadieren die Pläne zeigen, verglich – und, das musste alles stimmen. Offenbar war sie verantwortlich für die Bauten für die Maschinenanlagen der Vulkanisierungsfabrik (RTI). Und das musste ja nun stimmen! Sie ließ sich gern von den Deutschen über die Gerüste helfen – nun, es waren elegante Schuhe, Seidenstrümpfe, Handtäschchen – aber, dies Dekor war echt und passte! Sie wusste, dass sie hübsch war und dass die Deutschen das sehr wohl beurteilen konnten.

Das kuriose Gegenstück zur „westlichen Eleganz“ trafen wir in Dechtjarka auf der Straße auf dem Weg zur Baustelle. Es war unzweifelhaft, dass sich die Orts-Schönen von Dechtjarka dann gern auf den Straßen sehen ließen, wenn der Konvoi der Deutschen da hindurch marschierte. Einige von uns schmuggelten sieh dann gern in die rechte Kolonnenreihe, zogen ihre Hemden aus und prangten mit ihren braungebrannten Brustkörben – und sie wurden auch bewundert, denn der prüde Russe zog sein Hemd nicht aus und fand es barbarisch, sich die Haut bräunen zu lassen – „Bjelo Litzó“!

Wer aber beschreibt unser Erstaunen, als eines Tages eine der Dechtjarka'schen Jungfern einhergeschritten kam, stolz in ein westdeutsches Nachthemd gekleidet !! Difficile est, satyram non scribere!
Wir bemühten uns, nicht zu lachen. Sie trug es so stolz–!

Spezialisten

Der Sowjetbürger als Spezialist hat einen hervorragenden Ruf – in der Sowjetunion. Als es galt, in der Gummifabrik für die Vulkanisiermaschine eine Höchstdruckleitung durch Verschweißen der Spezialrohre herzustellen, rief der russische Objekt-Bauführer nach einem solchen Spezialisten. Dieser kam von Swerdlowsk angereist. Er wurde eingewiesen, nickte bedächtig und erklärte sich bereit, das Werk zu beginnen.

„Wenn Du fertig bist, unterschreibst Du auf diesem Dokument, hier, dass Du für dichte Schweißnähte garantierst, nicht wahr?“ bemerkte der Bauführer.

„Was?? Ich?? Unterschreiben??? Nichts unterschreib ich, kein Zigarrettenblättchen!"
„Dann kannst Du wieder verschwinden!" erklärte der Bauführer. Der Spezialist verschwand.

Ein neuer Hoch- und Höchstdruckschweißer erschien wenige Tage später. Er kam aus Moskau: Bolschoi-Spezialist. Man betrachtete ihn mit Ernst, Spannung und Hochachtung. Voller Würde ließ er sich einweisen. Als er etwas von unterschreiben erfuhr, ward er um einige Zentimeter kleiner, murmelte etwas von: nichts unterschreiben, kein Zigarrettenblättchen, keine Briefmarke, und dampfte wieder nach Moskau zurück.

Der Bauführer stand ratlos inmitten seiner Natschalniks. Was tun. Der Natschalnik der deutschen Kriegsgefangenen-Brigade hob den Finger: „Man wird sehen."

So erschien er in unserer Brigade und rief den Schweißer Helmut O. zu sich:
„Kannst Du schweißen?"
„Klar, was denn – elektrisch, autogen?"
„Hochdruckleitungen, Rohre, 140 atü"
„Wie viel, bis wann?"
„Nitschewo, wir haben Zeit – hast Du das denn schon mal gemacht? Sind die Rohre dann auch dicht?"
„Dumme Frage. Wenn wir was schweißen, ist das in Ordnung, oder wir zünden den Brenner gar nicht erst an!"

Helmut wurde eingewiesen. Nach einer Woche war er fertig.
Den Garantieschein für dichte Schweißnähte unterschrieb ...
der fortschrittliche Sowjetbürger für den „Klassenfeind", den verruchten Kapitalisten.

Stachanow lässt grüßen

Der „Meistermaurer" würde kommen; er würde uns – endlich – zeigen, wie ein Maurer zu arbeiten hat und was er leisten kann. Wir waren gespannt, denn „Stachanow" war Begriff in der Arbeitswelt.

Am Rande der Baustelle wurde eine lange Linie abgesteckt. Es soll dort eine Mauer errichtet werden (Wir fragten uns, was sie dort bewirken soll, sie war in keinem Plan zu erkennen!), und diese Mauer würde im Stachanow-Verfahren errichtet werden und alle sollten zusehen, wie so etwas abläuft.

Ein halbes Dutzend Bauarbeiter-Plenni wurden eingeteilt mit Schaufeln, Schubkarren und Arbeitshandschuhen (für „Ziegelbewegung"). Sie mussten entlang der vorgezeichneten Linie Sand, Kies und Steine in Abständen von etwa 5m ausschütten bzw. stapeln. Dafür musste ich eine „Karrenbahn" bauen, auf der die Mörtel-Schubkarren an der Mauer entlang fahren sollten.

Und – siehe, im Zuge der geplanten Mauer standen ausreichend Ziegelhaufen, lagen Sandhaufen, 6 Mann standen an der Mörtelgrube, weitere 15 Mann karrten Mörtel von der „Mörtelfabrik" zur Grube – und es konnte losgehen.

Er erschien, der Mini-Stachanow.

Auf Pfiff begann er. Es wurden ihm die Steine gereicht, ein Mitgefangener schaufelte den Mörtel auf diese von ihm gesetzten Steine, ein zweiter reichte dem Stachanow den Ziegelstein, legte ihn passend auf bzw. neben den bereits mit Speis bedeckten Vorgänger – dann kam der Herr Stachanow und tippte mit der Kelle auf den Stein – wundervoll! Die Mauer wuchs und wuchs ...

Wir standen dabei und dachten nach (was in der Sowjetunion im Grunde schon unüblich, wenn nicht sogar verboten ist): Wir rechneten aus:

15 Mörtel-Karrer, 6 Speiskarrer, 2 Mischer, 2-3 „Zureicher" – das sind 26 Zuarbeiter. Wir waren gespannt, wie auf diese Weise bei schnurgerader, problemloser Mauer (ohne Fenster- oder Türlücken oder Friese) eine Supernorm zusammenkommen würde.

Ganz einfach: Alle Zuarbeiter hatten lediglich die „Ehre", dem Stachanow-Parodisten das Material zuzuführen – sie erhielten keinen Rubel Verdienst. Und der Meistermaurer – es wurde verkündet, dass er 230 % Arbeit geleistet hatte.

Uns wurde sonnenklar – <u>das</u> war der Kern des Stachanow-Prinzips.

Übrigens: Da die Mauer ja völlig zusammenhanglos da in die Landschaft gepflastert worden war, stand sie noch – absolut sinnlos – am Rande der Baustelle, als wir das Lager verließen.

Der Bau des Clubs

Wir bauten einen Club. Das heißt – nicht wir bauten ihn, obwohl wir Tag für Tag mit fast 300 Mann auf der Baustelle erschienen und schufteten, sondern die Werktätigen des Kupferkombinats Dechtjarka haben den Club gebaut. Das sah folgendermaßen aus.

Marusja hinkte an einem Freitag in meine Instrumentalka: „Behrendt, mach mal fertig: 20 Schaufeln, 20 Spaten, 20 Hacken, 6 Schubkarren, 5 Beile und 6 Sägen. Morgen stellst Du mir alles vor mein Magazin.“ Ich war platt. Meine sorgfältig gehüteten Werkzeuge fortgeben? Nur über meine Leiche.
„Wozu brauchst Du denn dies Werkzeug?“
„Großeinsatz der Arbeiter. Sonntag kommen 300 Arbeiter vom Kombinat und machen freiwillige Schicht. Deine Kollegen geben auch Werkzeug ab, genau so viel wie Du.“
„Was wollt Ihr denn mit soviel Werkzeug?“
„Es sind doch 300 Arbeiter.“
„Nur Männer?“ „Nein, auch Frauen.“
„Ich gebe Dir 5 Schaufeln und 5 Spaten, 1 Beil und 1 Säge. Mehr nicht.“
„Behrendt, Du bist verrückt. Die Leute brauchen doch Werkzeug!“
„Hör zu, Marusja. Ich stelle Dir mein Werkzeug vor die Tür meiner Instrumentalka. Dort könnt ihr es euch holen. Zufrieden?“
„Ja, aber soviel wie ich gesagt habe!“
„Natürlich“ sagte ich – denkste, dachte ich.
Ich stellte 10 Schaufeln und 10 Spaten heraus, mit Draht gut zum Bündel zusammengeschnürt und verschloss meine Bude so fest wie an großen Feiertagen.

Am Montag früh fand ich die beiden Bündel unberührt am selben Platz. Als Miarusja kam, bemerkte ich nur: „Wurde wohl toll gearbeitet gestern? Wie viele waren denn da? 300? 350?“
Sie spuckte wütend auf den Boden: „Twui, keine 60! Und die haben sich nur im Club herumgedrückt.“
Man benötigte dort, wie ich mittags erfuhr, gute 2 Stunden, bis die Unordnung dieses Arbeitseinsatzes wieder beseitigt war.

Aber ein kleines Nachspiel gab es doch. Ein Mitgefangener, Dr. S., berichtete es mir mit behaglichem Schmunzeln. Am Vormittag des nächsten Tages erschien im Club plötzlich eine Gruppe Zivilisten. Einer davon trug ein Stativ, der andere einen Fotoapparat. Sie fotografierten mal eine Ecke, dort ein Gerüst, einen Haufen Ziegel oder eine Mauer, Speiskiste, Schaufel, Eimer und Kelle, machten: eine Aufnahme vom Saal, wie er im Rohbau aussah oder vom Treppenhaus im gleichen Zustand. Sie hüteten sich aber, einen von uns auf das Bild zu bekommen.

Dr. S. lockte mit seiner Arbeit Interesse: Mittels Goldbronze vergoldete er Stuckornamentik – verspäteter Jugendstil, überschwere Ausgabe – mit der die Decken der Wandelgänge geziert waren. Der Vorgang war etwa folgender: Mit Pinsel und Palette, auf der Farbnäpfchen klemmten, stand Dr. S. auf schwankender Leiter, bepinselte die Gipszäpfchen und Würfel mit roter, klebriger Lackfarbe und pustete dann mit seinem selbst gebauten Zerstäuber Goldstaub gegen den feuchten Lack. Das Gold haftete, die Ornamente wechselten von Rot in Gold. Goldstaub, der an anderer Stelle hängen geblieben war, wurde mit Pinselchen wieder in das Zerstäuber-Büchschen gesammelt.

Die Photographen staunten: Wundervoll ! ! Großer Spezialist! Muss fotografiert werden! Aber – Teufel, ist ja ein Plenni – ein Kriegsgefangener! Geht nicht! Aber die Arbeit ist wunderbar – das muss man aufnehmen! So ging's hin und her.

Da hatte einer der Lichtbildkünstler eine rettende Idee: Im Winkel eines Seitenganges hockte ein uralter, bärtiger Russe, ein etwas verstaubter Rasputin mit Fritz-Reuter-Brille. Dieser wackere Alte war Glaser. Das heißt, Glaser hat er nie gelernt, aber in den Revolutionswirren hatte er irgendwo einen Diamanten „abgestaubt" (wie wir diesen Vorgang nennen, den Landser oft auch mit „besorgen" bezeichnen) und wurde bald „großer Spezialist". Er konnte Glas schneiden. Das tat er ständig, weiter nichts. Auch passten die von ihm zugeschnittenen Scheiben nicht immer. Nitschewo! Er war ein alter Mann, auch sah er, vermutlich wegen seiner Brille nicht mehr so genau. Aber, er hatte den Diamanten. Also schnitt er Glas.

Dieser alte Bärtige geriet in das Blickfeld des suchenden Fotografen und diesem kam besagte Idee:
„Komm mal her, Alter" rief er. Der Alte verräumte sorgfältig seinen Glasschneider. „Hast Du schon mal vergoldet?" „Nie!" – man glaubte ihm die Antwort. „Gemalt?" „Auch nie." „Kannst Du einen Pinsel halten?" Der Alte hielt ihn wie eine Prozessionskerze. „Nicht so ! ! He, Du dort – gemeint war Dr. S. – komm mal runter von der Leiter, zeig ihm mal wie man malt!" Dr. S. drückte dem verwirrten Alten den Pinsel in die Hand. Nach vier vergeblichen Versuchen gelang dies schließlich. „Nun das Ding da" man wies auf die Palette. Das war zuviel! Den Daumen durch das Loch zu stecken, das Brett zu halten, ohne dass der rote Lack sich vorzeitig mit dem Gold vereinigte, dabei den Pinsel nicht aus der anderen Hand fallen zu lassen – nein, der Alte war dem Weinen nahe. Nach einer Viertelstunde proben ward alles einigermaßen vernünftig in den beiden Händen untergebracht.

Nun galt es, den armen Alten an die Stätte seines Wirkens zu bugsieren. Vorsichtig, Schritt um Schritt wurde er die Leitersprossen hinaufgeschoben, bis er oben stand. Ach, der Ärmste musste zwei Sprossen höher entern als Dr. S, da ihm dessen Statur nicht gegeben war. Fast frei schwebend stand er hoch oben.
Der Fotoapparat wurde montiert, der Filmpack eingelegt, Entfernung abgeschritten – nein, der Alte hielt tapfer aus, er fiel nicht herunter! Dann Zuruf von unten: „Malen!“ Ängstlich hob der Glasermeister Pinsel, Antlitz und Bart, tippte mit dem Pinsel vorsichtig auf ein Gipsknötchen – „Ruhig stehen ! Aufnahme!“ Klick – klack. "So, nun komm wieder runter.“ Mehr tot als lebend kroch der Alte die Leiter wieder herab, froh, die ihm fremden Gerätschaften wieder abgeben zu können. Rasch und verstohlen tastete er nach dem Glasschneider in seiner inneren Rocktasche und schlich sich in seinen Glaserwinkel zurück.

Wenige Tage später erschien im Dechtjarka’er „Arbeiter-Blatt“ ein Bild.

(Zeichnung KOB)

Man sah in schwindelnder Höhe den Alten malen.

Und die Unterschrift:„Die Werktätigen des Kupferkombinats Dechtjarka schufen sich in freiwilligem Arbeitseinsatz außerhalb ihrer Arbeitszeit den Club, einen wahren Tempel der Kultur und des Fortschritts.“

Ich habe das Bild selbst gesehen. Denn, ab und zu konnten wir für teure Rubelchen diese Zeitung erstehen, zwar nicht zum Lesen - - nein, als „BUMAGA“, Zigarettenpapier speziell für Machorka.

Die weiße Haut

Es war Frühjahr in der Großbaustelle. Mein Freund Hein und ich saßen in der Wärme der ersten Frühlingssonne vor Marusjas Materialbude. Nach dem langen, finsteren Winter kamen wir uns vor wie auf einem neuen Planeten.

Sonne, dass Du Wärme hast,
Hatt' ich fast vergessen,
Hast solange eingeglast
Hinter Eis gesessen!
Hat denn heute Dich befreit
Einer Meise Lied?
Staunend sitzen wir, voll Freud,
Singen leise mit.

Wir hatten ziemlich lange schon in der Sonne gedöst, wunschlos glücklich, als Marusja erschien. „Wartet ihr schon lange?“ „Von mir aus könnten wir noch 2 Stunden so sitzen!“ war Heins Antwort. „Wir müssen noch etwas warten, die Nägel kommen erst in 1 Stunde!“ – „Großartig, was Besseres konntest Du uns gar nicht mitteilen.“ bemerkte ich. Marusja warf mir einen misstrauischen Blick unter ihrem Kopftuch heraus zu. Wie war das nun wieder zu verstehen? Diese Faschisten, nie wird man aus ihnen klug !

„Setz dich her, Marusja!“ lud Hein sie ein und kantete eine Nägelkiste hoch. Nach einigen Sekunden Zögern setzte sich das Mädchen nieder. Ich musterte sie von der Seite. Unter einem dunklen Kopftuch war ein glattes, einigermaßen hübsches rundes Gesichtchen mit der üblichen, kurzen, geraden, an den Flügeln etwas breit geratenen Nase zu entdecken. Die lebhaften blauen Augen lugten unsicher mal zu mir, mal lachend zu Hein, der sie mit Späßen unterhielt. Ich war noch nicht lange auf dem Bau und ihr noch nicht ausreichend bekannt. Es blieb auch „kühl“ zwischen uns – was sie auch meinem Brigadier einmal auf ihre Weise, etwa so ausdrückte: „Dein Instrumentalschik steht immer hinter einer Glaswand –“

Aber zurück zu uns Dreien da in der Sonne. Während wir die Sonnenstrahlen schier tranken, zupfte Marusja fortgesetzt an ihrem Kopftuch, um es möglichst weit ins Gesicht zu platzieren. „Sag mal, Marusja, warum tust du das da mit deinem Kopftuch?“ fragte ich das Mädchen. „Sonne ist nicht gut auf dem Gesicht“ war die überraschende Antwort. „Warum denn das?“, wir starrten sie ungläubig an. „Sie zerstört die weiße Haut – bjelo Litzo.“ „Bjelo Litzo? findest du das denn schön ?“ – „Natürlich!“ "Oh, da haben wir eine andere Ansicht. Blass sein ist oft gleich krank sein! Nein, schön sonnengebräunt, rotbackig, das ist gesund! Das ist schön!".

Marusja sah mich befremdet an. „Nee – das ist doch Unsinn! Weiße Haut ist schön! Oder..." sie grübelte ein wenig – „findet ihr in Deutschland das nicht?" „Nein." Hein bestätigte meine Ansicht. Marusja war ratlos. „Verstehe ich nicht"! Sie schien verstimmt, „Ich finde rote Gesichter hässlich !" erklärte sie starrköpfig. „Na, zwischen gesunder Hautfarbe und rot, so etwa wie eure Fahne ist, gibt es ja noch Unterschiede," meinte Hein spottend. „Ach, ihr, ihr schwindelt", schnitt Marusja schnippisch das Gespräch entzwei, stand auf und hinkte dem Schlitten entgegen, der gerade um die Ecke bog. Hein und ich grinsten uns an.

Marusja verschanzte sich noch etwa einen Monat hinter ihrem Kopftuch. Dann wurde es wie alljährlich innerhalb von 12 Stunden Sommer und siehe da, immer seltener trug sie die sonst auch zu dieser Jahreszeit übliche Kopfzier.
Eines Tages fand ich sie vor ihrer Instrumentalka auf einem Fass hockend. Vom Kopftuch war nichts zu sehen; dafür hatte sie den Kopf zurückgeneigt und ließ sich ihr Gesicht von der Sonne bräunen.

„Na, Marusja, du pflegst wohl deine weiße Haut, wie?" fragte ich. Sie wurde rot und erwiderte mir etwas giftig; „Das ist meine Sache!". Das war zweifellos richtig.

Der Held

Das 4-Familienhaus war fertig. Es war ausgezäunt worden – d.h. wir Gefangenen hatten nun keinen Zutritt mehr. Die Genossen zogen ein.

Jede sowjetische Familie erhielt ein Zimmer; Küche, Bad und Klo der 3-Zimmerwohnung mussten gemeinsam benutzt werden. Wir beobachteten, in der Mittagssonne sitzend, den Einzug der neuen Bewohner. Bündel, Stühle, Bettzeug erscheinen hinter den Fenstern. Plötzlich öffnet sich im ersten Stock die Balkontür. Im Türrahmen erscheint der neue Hausherr. Er blickt ins Weite, nach rechts, nach links, verächtlich-neugierig-ängstlich auf uns herab (welche Nachbarschaft!), reckt den Hals nach vorn, mustert die Nachbarhäuser und prüft das Wetter: Bewölkt! Dann landet sein Blick auf dem Balkon. Ein Balkon! Richtig, er hat ja die einzige Wohnung mit Balkon. Schon will er den Fuß auf die Betonplatte des frei hinausragenden Anbaues setzen, als ihn ein Gedanke zu durchzucken scheint. Er starrt auf die Betonfläche – blickt bohrend zu uns hinüber – wieder auf den Balkon, spuckt hörbar auf den Estrich, schiebt einen Fuß nach vorn, so dass die Fußspitze leise auf den Balkonboden tippt und – verschwindet wieder im Zimmer. Leer gähnt die Balkontüröffnung.

Nach einer kurzen Weile wird es wieder lebendig in der Tür. Unser Freund erscheint. Vor ihm trippelt ein kleines Mädchen, das er auf den Balkon hinausschickt. „Geh", sagt er und deutet zur Bekräftigung auf das eiserne Geländer, „dahin, an den Rand!" Erfreut ob dieser Gunst läuft das Mädchen mit flinken Schrittchen die eineinhalb Meter bis zum Geländer, packt es mit beiden Händen an und lugt über die Bretterplanke zu uns hinunter. Aufmerksam verfolgt der Mann die Bewegungen des Kindes, gespannt hängen seine Blicke am Balkon. Nichts geschieht.

Hinter seinem Rücken ist inzwischen die Hausfrau, die treue, aufgetaucht. Neugierig blinzelt sie neben seiner Schulter hinaus. Er tritt zur Seite – oh, wie höflich – nein, er scheint etwas anderes in Sinne zu haben, als etwa ihr die Sicht freizumachen. Rasch packt er das kleine, dunkelhaarige Persönchen am Arm und schiebt es hinaus auf den Balkon. Wortlos. Da steht sie neben dem Kind. Etwas verlegen, unseren Blicken ausgesetzt zu sein, neugierig, diese schrecklichen Deutschen da hinter ihrem Bretterzaun – wie im Raubtierkäfig – sehen zu können, aber – Grundstimmung verdutzt! Auch sie lugt nach unten, berührt mit beiden Händen – vorsichtig – das Gitter und sieht sich fragend nach ihrem Herrn und Gebieter um.

„Hüpfe mal!" sagt er. „ Waas?" Sie ist platt. „Verdammt noch mal – Du sollst hüpfen! So... und er hüpft auf der Schwelle der Balkontür ein, zwei, dreimal recht unsportlich und plump in die Höhe, wobei er andeutet, dass der Sinn dieser Hüpfer nicht im Hochspringen, sondern im gewichtigen Wieder-Auftreffen zu liegen habe. Brav beginnt die Frau zu hüpfen. Ihre Verlegenheit wächst. „Du auch!" herrscht er das Kind an. Beide hüpfen wie befohlen.
„Aufhören!"

Frau und Kind starren neugierig und konzentriert auf das Familienoberhaupt. Einen Augenblick verharrt er noch wie ein Standbild im Türrahmen – Morituri te salutant! – Dann die Hände an den Pfosten, tritt er wie ein Tatzelwurm mit den Füssen – erst links dann rechts – vortastend, auf den Balkon hinunter, erst allmählich sein Gewicht von den Händen auf die Füße verlagernd. Nun steht er unten, eine Stufe tiefer, neben Frau und Kind auf dem Balkon. Seine Züge entspannen sich, ein wenig vorsichtig auf leisen Sohlen, wie ein Seiltänzer gleitet er nach vorn, den Blick nach unten gerichtet. Nun ist er am Geländer. Er prüft es. Er wackelt ein wenig daran - das Geländer ist fest. Vorsichtig hebt er sich auf die Fußspitzen, plumps! Er lässt die Hacken herunterfallen. Fest! Nichts rührt sich. Sachte, sachte beginnt er zu hüpfen, ein, zwei, dreimal – nicht besonders hoch, so 5 - 10 cm. Dann große Pause. Lauschen !

Nichts. Befriedigt will er lächeln, als ein plötzliches Ereignis das Lachen verhindert. Zwei kleine Worte, in breitestem Russisch, fliegen ihm von jenseits des Bretterzaunes zu, die ihm den Boden mehr unter den Füßen rauben, als es etwa der einstürzende „Faschisten“-Balkon vollbracht hätte ! Sie lauteten : „Bolschoi Geröi!“, „Grosser Held!“
Die endlose Kette wüstester Flüche russischer Provenienz war weit-hin zu hören – .

Das Motorrad

Es war Frühjahr 1953. Unser junger Bauführer – Natschalnik Pawlik – war kaum noch zur Sache vernehmbar. Er hatte seine 3000 Rubel für das heiß ersehnte Motorrad beisammen. Man fand ihn in tiefsinnigen Gesprächen mit Deutschen, die nach Pawliks Ansicht „behaupteten, Motorräder besessen zu haben“ (er hielt sie alle für Hochstapler, schon längst diejenigen, die angaben, ein Auto ihr eigen genannt zu haben!) Man sprach über Zündung, Schaltung und Ölverbrauch und über die Freude, Pawlik bald Motorrad fahren und auf die Schnauze fallen zu sehen.

„Bald“, auf Russisch „skoro“ ist ein dehnbarer Begriff. „Bald würden wir heimfahren“, hatte man uns 1949 gesagt. Doch „skoro“ war 1953 noch nicht angebrochen!

Aber bleiben wir bei Pawliks Motorrad, das skoro – nach Aussagen des Magaziners – da sein würde. Und eines Tages war skoro Wirklichkeit: Als Pawlik am Magazin vorbei zur Arbeitsstelle ging, leuchtete es schwarz und silber durch die Türe. Pawlik stürzte hinein. „Mein Motorrad“ jubelte er „Los, gib es her! Ich hab 3000 Rubel“ und zu einem Rotzbengel, der mit offenem Mund daneben stand, rief er: „Los, Bursche, renn’ zu meiner Frau, sie soll ganz ganz schnell das Geld bringen !! – Bist Du noch nicht weg?“ Der Bengel entfloh. Händereibend und glückselig wandte sich Pawlik dem Traumrad zu. Da stand es, und gleich, gleich würde er es haben, richtig, das erste Motorrad in Dechtjarka. Ihm schwindelte. – Schnell einen Wodka – „Antonowitsch, alter Magazinbulle, trink auch einen.“ Antonowitsch sträubte sich: „Wo hast Du denn das Geld?“ „Zu Hause, gespart seit zwei Jahren! – Auf das Motorrad! Wie das meinem Hintern gut stehen wird – dawei – Antonowitsch, Mensch – tank schon mal auf! Mach schon!“

Aber Antonowitsch rührte sich nur wenig, denn inzwischen hat ein neuer Kunde das Magazin betreten und geht geradewegs auf das Motorrad zu. „Was kostet das?“ „Es gehört mir“, schaltet sich Pawlik ein. Antonowitsch beachtet ihn nicht. „Dreitausend“ Der Kunde griff in seine Jacke, zog eine umfangreiche Wachstuchtasche hervor und begann Rubelscheine auf den Tisch zu zählen. Pawlik trat hinzu: „Aber – Antonowitsch – mir wolltest du doch das Motorrad verkaufen, wir waren doch schon einig?“ „Weißt Du, Pawlik“ erwiderte Antonowitsch gelassen, „Du musst mich recht verstehen – aber hier diese 3000 Rubel“ und er wies auf das stattliche Geschwader Banknoten „die sehe ich. Von deinen Rubeln habe ich bisher nur gehört. Nun sind diese hier da, deine nicht. Verstehst Du. Und wer das Geld hierher legt , der hat das Motorrad, so ist das.“

Pawlik stand wie vom Donner gerührt. So eine Sauerei! Schnappt der Kerl mir das Motorrad vor der Nase weg. Er stürzt hinaus, die Lederkappe im Genick – „Wo ist das Weib? Langweilige Hexe!“ Ein wüster Fluch ergänzt diese Feststellung. Ein Blick in das Magazin überzeugt ihn, dass der Handel perfekt ist. Ein Benzindüftlein schwebt aus der Tür - „Hölle und Teufel –“ Pawlik ist ausser sich vor Wut.

Da keucht etwas die Straße hinauf. Ein kleines, unförmiges Wesen, Kopftuch, Walinki an den Füssen, das hochrote Gesicht einer jungen Frau lugt unter dem dicken Wollschal heraus, dessen Zipfel trotz heftigen Bemühens nicht verdecken können, wie der Leib sich rundet. Eine Hand streckt sich Pawlik entgegen und außer Atem ruft die Frau: „ Da, Pawlik, 3000 Rubel – oh, wie bin ich gerannt!“ Pawlik reißt ihr die Scheine aus der Hand. „Zu spät bist du gekommen, zu langweilig. ! Weg ist das Rad, weg“– und dabei holt er aus und knallt ihr rechts und links, einmal mit der Handfläche, einmal mit dem Handrücken je eine schallende Ohrfeige erster Güte auf die dicken Bäckchen – „und nur deinetwegen! Scher Dich zum Teufel!“

Sprach’s, wandte sich um und eilte fort, so schnell er konnte, wohl um das Aufheulen des Motors – oder seiner Frau – nicht hören zu müssen. Oder – um die eigenen Tränen zu verbergen – .

Stalin kapút...

5. März 1953

Man munkelte schon, dass es mit dem roten Zar bergab gehe. Die Bulletins waren knapp und so düster abgefasst, dass wir „Ketzer“ schlossen, Stalin sei bereits verblichen.
So warteten wir mit Spannung: Schlechter konnte es uns mit den 25 Jahren Zwangsarbeit auch nicht gehen – eher besser.

Am 5. März wanderten wir wie stets zur Baustelle und arbeiteten.
Gegen 10 Uhr bemerkte ich plötzlich, wie am Giebel des Feuerwehrschuppens vom Kupfer-Kombinat – die Feuerwehr ist in der Sowjetunion staatlich und zeigt die Regierungssymbole – die Flagge abgenommen und durch eine rote Fahne mit breitem Trauerrand ersetzt wird. Ich sehe auf die Uhr: 10:15 Uhr.

Er ist hin! Rasch verbreitet sich die Kunde, an mehreren Stellen des Objekts war der Vorgang auch beobachtet worden – nicht ohne Freude. Die meisten meiner Freunde drückten mir stumm die Hand, wenn sie in der Instrumentalka etwas zu besorgen hatten oder flüsterten: „Herzliches Beileid!“ dabei platzten sie fast! Jedenfalls regte sich nichts im Objekt, kein Wort, keine Geste, nichts war verändert. Ein bewundernswertes Beispiel politischer Reife!

Dies aber war den Russen im höchsten Grade unheimlich. War das Stille vor dem Sturm? So erschienen Zug um Zug, um kein Aufsehen zu erregen, der Abeitsnatschalnik, der Sicherheitsoffizier, der Garnisonschef, allesamt sehr gespannt um sich blickend und jeder in Begleitung eines MWD-Armisten. Sie schlichen durch die arbeitenden Gruppen der Kriegsgefangenen ohne ein Wort zu sagen, horchten hier, beobachteten da, mieden es ängstlich in die Nähe von Gerüsten oder gar darunter zu geraten und peilten besorgt nach oben, wenn es sich wirklich nicht vermeiden ließ.

Wir missachteten sie, verzogen keine Mine, lachten nicht, waren vollständig wesenlos.
Um 12 Uhr erschien unser junger Meister; er war blass und sah sehr mitgenommen aus. Die Augen waren rot, das Gesicht gedunsen – „aha gesoffen??“ dachten wir. Doch wie weit hatten wir gefehlt! Dem jungen Manne war mit Stalin eine Welt untergegangen. So lange er lebte, hatte es für ihn nur Stalin gegeben. Stalin war alles, Jugend, Zukunft, Sieg – Verdienst – die Welt ohne Stalin?? Unvorstellbar.

Er ließ sich wie ein Klotz auf den Stuhl fallen, schob seine Kappe ins Genick und starrte vor sich hin auf den Boden: „Stalin kapút!!“ sagte er tonlos. „Stalin kapút!!“ – und dann stützte er das Gesicht in die Hand und begann zu schluchzen.

Wir gingen hinaus. Kein Russe hatte bisher gewagt uns zu sagen, dass der Imperator verstorben war. Unser junger Meister hatte keinen anderen Gedanken als den tiefster Trauer. Wie sollte er in uns andere Gedanken vermuten?

Am Nachmittag war die Geheimniskrämerei zu Ende. Die hochprozentigen Sowjetbürger knöpften sich schwarz-rote Rosetten auf ihre Revers, die höchstprozentigen schwarz gerahmte „Stalin-Miniaturen“. Aus dem Radio klang Beethoven. Es war eine feierliche Grundstimmung, auf der jedoch eine gewisse Bedrücktheit lastete, auf allen Bürgern – nur nicht auf uns. Wir verfolgten mit Spannung diese Vorgänge. Grundstimmung: heiter.

An der Wand des großen Jugendwohnheimes, in dem die Jungarbeiter des Schachts hausten – Kinder ohne Familie, die ein recht ungezügeltes Leben führten – hingen schon seit langem zwei überdimensionale Leinwand-Bilder. Grob, aber gut und lebendig dargestellt, blickten Lenin rechts und Stalin links, vom Beschauer aus betrachtet, über den Bretterzaun in unsere Baustelle.

Etwa gegen 16 Uhr bemerkten wir zwei Knaben in der Uniform der Schachtarbeiterjugend, die über das Bild Stalins eine große Holzleiter an die Wand lehnten. Sie klommen hinauf und begannen, das Riesengemälde mit einer dicken schwarz-roten Girlande zu umrahmen. Wir verfolgten die Arbeit mit Aufmerksamkeit. Die Jungen kletterten wie die Äffchen. Sie machten ihre Arbeit sehr geschickt, und nach knapp einer halben Stunde, war Väterchen mit ortsüblichem Trauerrand versehen.

Auch die Knaben waren mit ihrem Werk zufrieden. Lachend und mit Hallo-Rufen besprachen sie mit gleichaltrigen die Wirkung. Nun galt es die Leiter wieder zu entfernen, die über Stalins Bild gelehnt war. Vorsichtig hoben die zwei Bürschchen die Leiter ab, zogen sie mit dem unteren Ende von der Hauswand weg, – da – die große, schwere Holzleiter kam ins Rutschen, schlug mit dem oberen Ende wieder an die Wand, just über Väterchens Kopf, rutschte weiter und – waaatsch – mit einem Hieb riss sie aus dem Stalinbild einen 1,5 m breiten Leinwandstreifen heraus und krachte zu Boden.

Die Knaben waren sprachlos! Ihre schöne Girlande war gleichfalls zerstört. Die traurigen Reste ihrer Arbeit und der Arbeit der Propagandisten hingen an der Wand, das bislang verdeckte Fenster lugte neugierig unter der zerfetzten Leinwand hervor.

(Zeichnung KOB)

Was tun. Mit vereinten Kräften wurde die Leiter wieder aufgestellt. Die Knaben laborierten mit dem Leinwandstreifen und versuchten das Bild weder zu flicken! Aussichtsloses Beginnen. Väterchen Stalin war völlig ausgefranst.

Mit jähem Entschluss und einigen kräftigen Griffen taten sie das einzig mögliche: sie rissen auch die letzten Fetzen des Stalinbildes und der Girlande herunter und zerstückelten sie bis zur Unkenntlichkeit.

Allein Lenins Kalmückenschädel mit dem verkniffenen Gesichtsausdruck leuchtete von der dunklen Wand. Stalin war fort, ganz fort, endgültig fort. Wir meditierten und sahen schon 1953 darin ein Symbol. Wie recht hatten wir!

Allein im Karzer

Es war der 19. September – es war leer geworden in der Zelle, meine Zellengenossen waren abgeholt worden. Am Morgen war die gefürchtete und doch so lang und heiß ersehnte Nachricht bekannt geworden, dass am 23.09. nachmittags gegen 15:00 Uhr der Transportzug abfahren würde – 09:00 Uhr Verladebeginn. Diese Nachricht traf mich wie ein Keulenschlag, und nun war ich allein zurückgeblieben!

Der Posten kontrollierte mich zunächst regelmäßig und sorgfältig nach allem möglichen, vor allem nach Tabak. „Ich rauche nicht." erklärte ich ihm. Er war sichtlich enttäuscht. Tabakentzug ist die unangenehmste Begleiterscheinung der Karzerhaft. Einen Nichtraucher konnte man jedoch nicht ärgern, indem man ihm das Rauchen verbot. Das Interesse des Posten an mir nahm wesentlich ab.

Was tut man so allein in der Zelle? Schritte zählen, hüpfen, turnen, den Inhalt des Raumes berechnen, mit Streichhölzern, die man irgendwo fand oder mit Holzspänen und Strohresten kunstvolle Konstruktionen errichten – (Wie hoch kann man wohl bauen?) Oder Ohrwürmer fangen und im blechernen Essnapf füttern und dressieren (sie sind mittelmäßig gelehrig) oder Spinnen dressieren (sie sind sehr flüchtig) oder Ansprachen an eine große Versammlung halten, singen, eine Beethoven-Sinfonie pfeifen – ach, die Zeit kriecht.

(Zeichnung KOB)

Und vor dem Zellenfenster hört man Rufe wie: „Wattejacken empfangen!", „Restliches Geld empfangen!"
Morgen Abend beginnen das Baden und Wäsche Empfangen!

So brach der 21. 09. an. Ich kann nicht mehr sagen, ob ich geschlafen hatte in dieser Nacht, der bald dem Tag meines zweiten „Lebend-Begräbnisses" folgen würde ... Ich hockte voller Ingrimm und Wut, grenzenlosen Zorn auf meinem Trainingsjacken-paketchen, das ich mir als Sitzkissen untergeschoben hatte, als mich ein Geräusch aufschrecken ließ.

Der Operativkapitän trat herein. „Nun – Behrendt, – Kak ? – wie geht's?"
Ich schwieg und sah ihn nicht gerade verbindlich an.
Er: „Da, da – schön, schön! Berij sswjeschami..."
Mich durchfuhr es wie ein Blitz, vernichtend! Der Boden wankte unter meinen Füssen: Das, was der Operativkapitän eben ausgesprochen hatte,

hieß doch nach bisherigem Brauch: „Nimm Deine Sachen!". So pflegten die Russen zu sagen, wenn man mit Einzeltransport fortgeschafft werden sollte! Nein, nein – dachte ich – das darf doch nicht sein... Ich lehnte mich gegen diesen Gedanken, nun die ganze Quälerei einer Gefangenschaft, von der ich acht 1/2 Jahre gerade durchlebt, hatte, neu erleben zu müssen, mit aller Kraft auf und wusste doch, dass es umsonst sein würde, wenn – Da blitzte in mir ein Gedanke auf: Ob der Kapitän vielleicht mit „sweschami" mein Trainingsanzugbündel meint? Das wäre –
„Etotam?? – Dies da?" ich zeigte auf das Bündel. „Konjeschno – natürlich" stieß der Kapitän hervor. Grapsch – hatte ich mein Bündel aufgeklaubt und raus war ich !
„Hei, Hei, stoi – abradno – halt, zurück!" Scheisse! Ich kehrte wieder um. Der Kapitän grinst mich an. „Da, dein Essnapf!" Schnell bückte ich mich und hob ihn auf. „Gehen Sie!"

Von Gehen konnte nicht die Rede sein. Ich sauste aus dem Karzer, Trainingsjacke unter dem linken Arm, Blechnapf in der rechten Hand. Frei! Ich war selig! Schwupp – wie eine Keramikscheibe beim Tontaubenschießen flog mein Napf über den Zaun. Ein Wind hob die leichte Aluminiumschüssel ein wenig an bei ihrem Fluge. In einem Bogen umkreiste sie fast den Posten auf dem Turm, der ärgerlich etwas Unverständliches herunterblökte. Mir war alles gleich.

Die Kameraden empfingen mich mit Jubel. Abends packten wir. Am nächsten Morgen um 7 Uhr marschierte ich zum Tor hinaus. Der Kapitän grinste:
„Gute Reise, Behrendt!"
„Vielen Dank, Kapitän" antworte ich.

Russland bleibt zurück

23. September 1953: Es war ein herrlicher Herbsttag. Die Sonne wärmte noch wacker ohne, dass sie lästig wurde, wie so oft! Das Laub war schon zum Teil von den Bäumen. Die Birken leuchteten noch goldgelb mit ihren weiß-schwarzen Stämmen dazwischen – hier wurde fast das Herz etwas schwer, denn Russlands Weite ist nicht nur beklemmend, sie ist auch erhebend, und es weiten sich Herz und Seele, wenn man durch die urwüchsige Landschaft ging, den Riesendom des Himmels über sich.

Wir kletterten in die Waggons, setzten uns in die Türen und träumten. Manche schafften das nicht – sie lagen in den Waggons und warteten darauf, dass die Räder rollen würden. Es mochte etwa 16 Uhr gewesen sein, als sich der Zug mit uns 1.038 „Heimkehrern", oder, wie der Russe uns nannte „Repatriierenden", in Bewegung setzte. Und diesmal waren wir nicht im „Holzhammer-Transport", sondern wir saßen in den Türen oder lehnten lässig an den Türpfosten – und winkten! Tatsächlich war uns nach Winken zu Mute. Es war uns gleich, ob wir irgendjemandem zuwinkten – es war die Zeit, von der wir uns verabschiedeten, die wir hinter uns ließen, die wir lebend hatten überstehen dürfen. Doch es war nicht nur dies „Zurücklassen", nun begriffen wir sehr deutlich, dass es *jetzt* galt vorauszusehen! Wir würden bald *selbst* zu entscheiden haben, wieder inmitten einer aus Individuen bestehenden Menschheit existieren müssen! Da wird dann niemand sagen: „Antreten, Dawai! Säge, Schaufel oder Beil nehmen, Essen-Fassen!"

Bald werden wir denen wieder vor die Augen treten, die wir fast 10 Jahre lang nicht gesehen hatten – außer auf kleinen, armseligen Fotografien! Man wusste ja gar nicht, wie sie denken, wie sie sprechen – wie das erste Gegenüberstehen sein wird! Da war wohl etwas Beklemmung in den Gedanken, die sich einmischte, die an der Illusion nagte, „Es ist alles wie einst ...".

Oh Gott ! Nein, es war furchtbar. Es kam tatsächlich etwas Angst und Unruhe auf: Wie wird das alles nun sein?

Die Räder rollen, wir fahren tatsächlich! Ich genieße die Landschaft, durch die der Zug in mäßigem Tempo rollt, als ob er uns Zeit gäbe, dass wir all das aufnehmen, was wir nur durch Gitter, Zäune und über Gewehrläufe hatten sehen können. Es war ein freundlicher Zug. Wenn der Zug hält, dann steigen wir aus wie es uns behagt, machen ein Schwätzchen mit Freunden aus dem Nachbarwaggon. Die große Lok heult, röhrt mehrtonigheiser. Das heißt dann Einsteigen, es geschieht alles ohne Hetze, wunderbar.

.... Vorbei an Moskau, durch Polen, mit Beklemmung durch die „DDR", das „neue Deutschland", denn es ist unübersehbar: Vom Ural bis an die thüringisch-hessische Grenze reicht die Sowjetunion.

Nun sind wir am Tor im Grenzzaun –

Ein Schritt hindurch, und zurück liegen die Jahre des Lebens in Bronze-Zeit-Gegebenheiten, im Reiche des nassen Brotes und der Kohlsuppen und des Hirsebreis, die Zeit des Gejagt-Werdens, diese Zeit schwersten Verlustes und großen Gewinns. Denn, wie oft grübelten wir über Gorkis „Universitäten"! Diese Anti-Universität, in der man Schlimmes lernte oder hören durfte, um Gutes daraus für sich und seine Zukunft zu formen.

Jetzt das Zurücklassen eines Riesenreiches, in dem jeder Begriff eine andere Deutung aufweist und zulässt, als es in normalen Denkvorgängen der Fall, ja Selbstverständlichkeit ist. Was bedeutet auf Deutsch MIR? Es bedeutet „Frieden", es bedeutet aber auch „Welt" – Der Ruf: „W'sjó sa miru" bedeutet natürlich für den Naiven „Alles für den Frieden" – aber der Sowjet hat eine andere Deutung: Es gibt ja nur eine MIR = WELT, nämlich die sowjetische! Alles andere ist nicht Um-Welt, sondern Un-Welt, Nicht-Welt, Anti-Welt – wohlgemerkt aus sowjetischer Sicht – und diese Sicht ist die einzig zulässige, denn: „Wo wir nicht sind, da ist der Feind." Das war Stalins Erbe, an dem auch Malenkow nichts ändern konnte.

All diese Gedanken gingen mir durch den Kopf, während ich mich schrittweise vom Zaun entfernte und anfing zu glauben, nun wieder frei zu sei, so frei, wie vor den Maitagen in Kurland.

Wir gingen dahin wie die Träumenden – niemand sprach.

Langsam gingen wir der Straße zu – das schien der einzige mögliche Weg zu sein, nun beiderseits ein bunter, sonnendurchglühter Herbst-Wald. ......

Orte und Stationen

Die Regionalbezeichnungen, Orte und Lagerbezeichnungen sind in der Reihenfolge aufgeführt, in der sie im Bericht erwähnt sind.

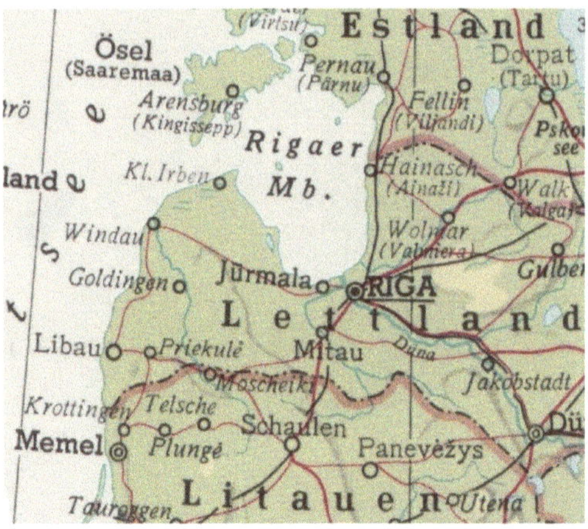

Das **Kurland** ist eine der vier historischen Landschaften Lettlands und umfasst den von der Ostsee und dem Rigaischen Meerbusen begrenzten Westteil des Landes. Seit 1941 war in Lettland, das dem Reichskommissariat Ostland zugeordnet war, die Heeresgruppe Nord der Wehrmacht eingesetzt, die später als Heeresgruppe Kurland bezeichnet wurde. Von Oktober 1944 bis März 1945 wehrten die deutschen und lettischen Kräfte in sechs verlustreichen Kesselschlachten alle Angriffe der Roten Armee ab; über die Häfen Windau und Libau gelang es, bis zum 9. Mai 1945 eine große Zahl von Flüchtlingen, Verwundeten und Heereseinheiten zu evakuieren. Etwa 200.000 deutsche und lettische Soldaten gingen bei der Kapitulation in sowjetische Kriegsgefangenschaft.

Mitau_(lettisch: Jelgava) liegt ca. 44 km südwestlich von Riga und war bis 1919 die Hauptstadt von Kurland; 15 km westlich liegt das Dorf Livbärze.

Riga-Schlock ist heute ein eingemeindeter Teil des Badeortes Jürmala am Rigaischen Meerbusen, ca. 25 km westlich von Riga.

Mordwinien war eine Autonome Sozialistische Sowjetrepublik, etwa in der Mitte zwischen Moskau und der Wolga. Seit 1993 ist Mordwinien als Republik ein sog. Föderationsobjekt Russlands. Die ursprünglichen Bewohner, die Mordwinen, sind ein finno-ugrisches Volk, das besonders in der stalinistischen Zeit einem starken Assimilationsdruck ausgesetzt war und heute durch frühere Zwangsumsiedlungen in vielen Teilen Russlands leben. Heute stellen Russen die Bevölkerungsmehrheit in der Republik.

Die Republik hat heute eine hoch entwickelte, diversifizierte Wirtschaft und ist reich an Bodenschätzen (Edelmetallen).

Wegen der zentralen Lage wurden in Mordwinien in den 1940er Jahren viele Hinterlandlager eingerichtet; noch heute gibt es im Raum der Hauptstadt Saransk mehrere Lagerkomplexe für Häftlinge und Strafgefangene.

Das Lager 58/1 befand sich in Temnikow, etwa 100 km nordwestlich von der Hauptstadt Saransk.

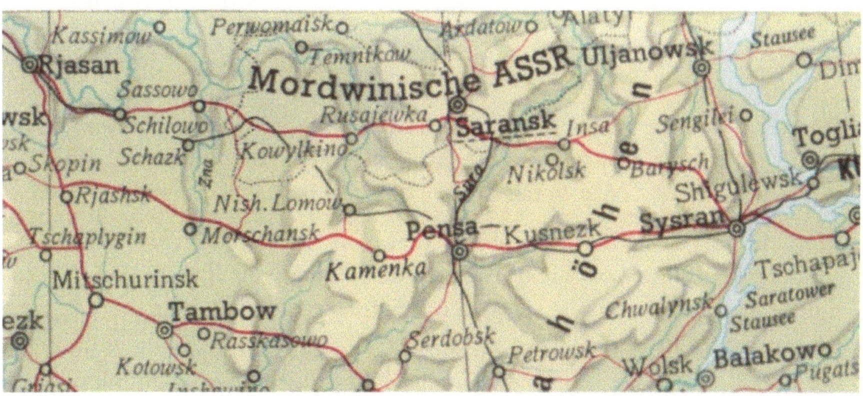

Borowitschi ist die zweitgrößte Stadt der russischen Oblast Nowgorod, ca. 180 km ostwärts von Nowgorod. Von 1944 bis 1953 befand sich in der Stadt das Lager 270 mit mehreren Teillagern.

Auf einem Kriegsgefangenenfriedhof beim Teillager 7270/1 wurden ca. 3.000 Tote zumeist in Massengräbern bestattet; seit 1995 ruhen die Toten des Lagers 270 auf dem Kriegsgräberfriedhof Borowitschi-Schibotowo, der vom Volksbund Deutsche Kriegsgräberfürsorge e.V. betreut wird.

Swerdlowsk war von 1924 bis 1991 der Name von Jekatarinburg, einer Industrie- und Universitätsstadt am Uralgebirge mit heute ca. 1,3 Mio. Einwohnern und Zentrum der drittwichtigsten Industrieregion Russlands.

Jekaterinburg liegt am Fluss Isset knapp 40 Kilometer östlich der imaginären Trennlinie zwischen Europa und Asien, die durch die Europa-Asien-Säule in einem nahe gelegenen Waldgebiet markiert wird.

Während und nach Ende des Zweiten Weltkriegs wurde die Stadt als wichtiges Produktionszentrum des militärisch-industriellen Komplexes der Sowjetunion ausgebaut. Für Ausländer war sie Sperrgebiet. Heute sind in der Stadt u.a. die USA, Großbritannien und Deutschland mit Generalkonsulaten vertreten.

In der Region befanden sich bis Ende der 1950er Jahre die Kriegsgefangenenlager 377 und 531 mit zahlreichen Nebenlagern und temporär eingerichteten Außenstellen. Seit 2009 sind auf dem Kriegsgräberfriedhof Jekatarinburg Schirokaja Retschka die Toten aller Lager des Raums

Swerdlowsk beerdigt, der Friedhof ist die zentrale Gedenkstätte zum Andenken an alle im Gebiet Swerdlowsk verstorbenen Kriegsgefangenen und Internierten.

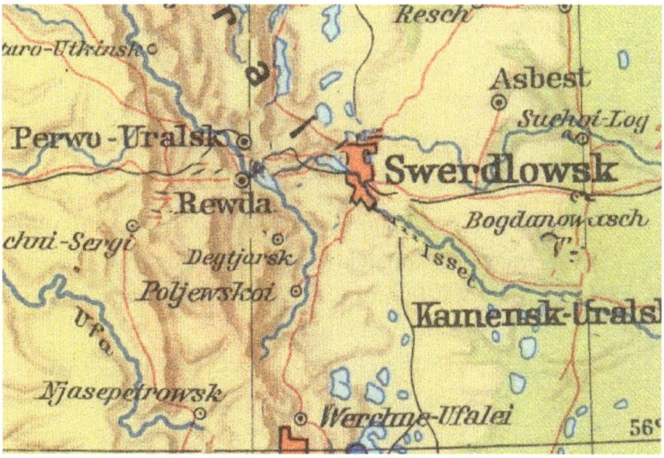

Dechtjarka (**Degtjarsk**) liegt in der Oblast Swerdlowsk, ca. 50 km westlich von Jekaterinburg. Der Ort entstand als Bergarbeitersiedlung zum Abbau der nahen Kupfererzlagerstätte und war durch eine bei Rewda von der Eisenbahnstrecke Kasan – Jekaterinburg abzweigenden Stichstrecke für Güterverkehr verkehrsmäßig angebunden.

In Degtjarsk befanden sich die beiden Kriegsgefangenenlager 313 und 476.

Rewda liegt ca. 20 km nördlich von Degtjarsk an der Mündung des Flusses Rewda in einen Nebenfluss der Kama. Rewda verfügt über die größte Kupferhütte des Ural, die seit 1940 in Betrieb ist und das Erz der Lagerstätte bei Degtjarsk verarbeitet. Daneben gibt es Werke der metallverarbeitenden und chemischen Industrie sowie der Bau- und Holzwirtschaft.

Verzeichnis der Bilder und Illustrationen

Quellen- und Literaturangaben

In Ergänzung zu den angegebenen Quellen- und Literaturangaben wurden zahlreiche weitere Detailinformationen im Internet mit den jeweils relevanten Stichworten und Suchbegriffen recherchiert.

[1] Behrendt, Karl-Otto: Der kurze Bericht über eine lange Zeit; unveröffentlichtes Manuskript 1953, überarbeitete Fassung 1981; Bonn

[2] Behrendt, Karl-Otto: Russisch-deutsches Kaleidoskop der Seelen – Skizzen aus der Gefangenschaft KOB; unveröffentlichtes Manuskript 1960, überarbeitete Fassung 1987; Bonn

[3] Deutscher Bundestag: Deutsche Kriegsgefangene in sowjetischem Gewahrsam; Ausarbeitung Wiss. Dienste WD 1 – 3000 – 011/11; Berlin 2011

[4] Enderle, Irmgard u. August: Die Zwangsarbeiterlager in der Sowjetunion; in: library.fes.de/gmh/main/pdf-files/1956/1956-11-a-678.pdf

[5] Lang, Martin: Stalins Strafjustiz gegen deutsche Soldaten – Die Massenprozesse gegen deutsche Kriegsgefangene in den Jahren 1949 und 1950 aus historischer Sicht; Verlag Mittler& Sohn, Herford 1981

[6] LMU München: Abkommen betreffend die Gesetze und Gebräuche des Landkriegs, 1907; Übersetzung Sammlung 0.515.112; in: https://www.jura.uni-muenchen.de/fakultaet/lehrstuehle/satzger/materialien/haag1907d.pdf

[7] Wikipedia.org/wiki/: Kriegsgefangene des Zweiten Weltkriegs

[8] Wikipedia.org/wiki/: Liste der sowjetischen Kriegsgefangenenlager des Zweiten Weltkriegs

Anmerkung zum Abschluss

Nach vielen langen Gesprächen, Zweifeln und Überlegungen war Karl-Otto Behrendt getreu seiner Überzeugung und konsequent nach seiner Erfahrung der Gefangenschaft der unausgesprochenen Verpflichtung zu den Werten von Freiheit, Recht und Demokratie gefolgt. In diesem Sinne hat er seinen Dienst in der Dienststelle Blank und am 16. November 1955 als Soldat der Bundeswehr angetreten.

Er erlebte die „Pionierzeit" der Bundeswehr an entscheidenden Stellen in dem Bewusstsein, beteiligt zu sein, etwas „Neues, Besseres und Dauerhaftes schaffen" zu können. Die Zeit war fordernd, er empfand sie nach seinen Worten gleichwohl als schön und begeisternd: in produktiver Zusammenarbeit als Referent für die Aufstellung der Schulen und für die Truppenausbildung des Heeres, in der Studiengruppe des Heeres in Bad Ems und an der Führungsakademie der Bundeswehr in Hamburg. Er wirkte als Dozent und Truppenfachlehrer an der Sanitätsakademie in München und war danach als Referatsleiter für das Vorschriftenwesen im Führungsstab des Heeres im Verteidigungsministerium in Bonn der „Herausgeber" von ca. 400 Zentralen und Heeres-Dienstvorschriften. Einen Schwerpunkt bildete in dieser Zeit die Mitarbeit an der Formulierung und der Herausgabe der Vorschrift „Truppenführung" (TF 59, 60, 62 und 72).

Am 30. September 1973 wurde er in den Ruhestand versetzt.

Anschließend war er einige Jahre für die Carl-Duisberg-Gesellschaft, Köln, im Aufbau regionaler Arbeitskreise für die Weiterbildung von Führungskräften der Wirtschaft in Deutschland und im Ausland tätig.

Besonders in diesen Jahren belasteten ihn jedoch Spätfolgen der Kriegsverletzung und der in der Gefangenschaft erlittenen, nur unzureichend behandelten Herzkrankheit. Er starb am 5. August 1990.

Als Neffe und besonders als junger Offizier der Bundeswehr habe ich mich ihm sehr verbunden gefühlt. Er war mir stets ein fördernder Ratgeber und überzeugendes Vorbild, das mein eigenes Verständnis als Soldat geprägt hat – dafür bin ich ihm dankbar.

Hans-Günter Behrendt

Carola Hartmann Miles-Verlag

Militärgeschichte

Ingo Pfeiffer, *Gegner wider Willen. Konfrontation von Volksmarine und Bundesmarine auf See,* Berlin 2012

Eberhard Kliem, Kathrin Orth, *"Wir wurden wie blödsinnig vom Feind beschossen". Menschen und Schiffe in der Skagerrakschlacht 1916,* Berlin 2016.

Hans Frank, Norbert Rath, *Kommodore Rudolf Petersen. Führer der Schnellboote 1942–1945. Ein Leben in Licht und Schatten unteilbarer Verantwortung,* Berlin 2016.

Eckhard Lisec, *Der Völkermord an den Armeniern im 1. Weltkrieg – Deutsche Offiziere beteiligt?,* Berlin 2017.

Ingo Pfeiffer, *Heinz Neukirchen. Marinekarriere an wechselnden Fronten,* Berlin 2017.

Joachim Welz, *Erfolgsstory oder Trauma – die Übernahme von Armeen. Lehren aus der Übernahme des österreichischen Bundesheeres in die Wehrmacht 1938 und der Reste der NVA in die Bundeswehr 1990,* Berlin 2018.

Joachim Hoppe, Manfred Wilde (Hrsg.), *Die Unteroffizierschule des Heeres, Die militärische Meisterschule,* Berlin 2016.

Georg Neuhaus, *Am Anfang war ein Speer. Eine Chronographie der Kriegs- und Militärtechnologien,* Berlin 2018.

Jobst Reller, *Die Anfänge der evangelischen Militärseelsorge,* Berlin 2019.

Hans-Werner Ahrens, *Die Transportflieger der Luftwaffe 1956 bis 197. Konzeption – Aufbau – Einsatz, (Reihe Schriften zur Geschichte der Deutschen Luftwaffe, Band 8),* Berlin 2019.

Eberhard Frhr. v. Senden, Friedrich Frhr. v. Senden, *Der Erste Weltkrieg 1914–1918. Erlebnisse eines jungen Leutnants,* Berlin 2020.

Ingo Pfeiffer, *Do swidanija Germanija. Stationierung - Abzug - Hinterlassenschaften Westgruppe der Truppen,* Berlin 2021.

Jörg Beining, *Streng geheim! Elektronische Kampfführung im Kalten Krieg. Die EloKa der Bundeswehr und NATO aus östlicher Perspektive,* Berlin 2021.

Hans-Günter Behrendt, *Flugabwehr in Deutschland. Stationierungsorte und Systeme 1956-2012,* Berlin 2021.

Schriften zur Tradition

Eberhard Birk, Winfried Heinemann, Sven Lange (Hrsg.), *Tradition für die Bundeswehr. Neue Aspekte einer alten Debatte,* Berlin 2012.

Donald Abenheim, Uwe Hartmann (Hrsg.), *Tradition in der Bundeswehr. Zum Erbe des deutschen Soldaten und zur Umsetzung des neuen Traditionserlasses,* Berlin 2018.

Joachim Welz, *Vom Kontingentsheer zum Reichsheer: Militärkonventionen als Motor der Wehrverfassung,* Berlin 2018.

Donald Abenheim, Uwe Hartmann, *Einführung in die Tradition der Bundeswehr. Das soldatische Erbe in dem besten Deutschland, das es je gab,* Berlin 2019.

Eberhard Birk, Heiner Möllers (Hrsg.), *Die Luftwaffe und ihre Traditionen (aus der Reihe Schriften zur Geschichte der Deutschen Luftwaffe, Band 10),* Berlin 2019.

Hans-Günter Behrendt (Hrsg.), *Erinnerungsorte der Bundeswehr. Personen, Ereignisse und Institutionen der soldatischen Traditionspflege,* Berlin 2020.

Erinnerungen

Blue Braun, *Erinnerungen an die Marine 1956–1996,* Berlin 2012.

Klaus Grot, *So war's, damals. Dienstchronik eines Pionieroffiziers im Kalten Krieg 1954–1991,* Berlin 2014.

Gustav Lünenborg, *Bürger und Soldat. Innere Führung hautnah 1956–1993, 1993–2015,* Berlin 2015.

Adolf Brüggemann, *Als Offizier der Bundeswehr im Auswärtigen Dienst. Meine Erinnerungen als Militärattaché in Seoul (Republik Korea) 1978–83 und in Prag (Tschechoslowakei/Tschechien) 1988–1993,* Berlin 2015.

Rainer Buske, *Eine Reise ins Innere der Bundeswehr. Wundersame Geschichten aus einer anderen Welt,* Berlin 2016.

Heinz Laube, *Duell am Himmel,* Berlin 2016.

Viktor Toyka, *Dienst in Zeiten des Wandels. Erinnerungen aus 40 Jahren Dienst als Marineoffizier 1966-2000,* Berlin 2017.

Hans-Eckhard Tribess (Hrsg.), *Im Leben unterwegs – für den Frieden. Festschrift für Wolfgang Altenburg zum 90. Geburtstag am 22. Juni 2018,* Berlin 2019.

Kurt Graf v. Schweinitz, *Notizen im Transit von Krieg und Frieden,* Berlin 2020.

Einsatzerfahrungen

Artur Schwitalla, *Afghanistan, jetzt weiß ich erst… Gedanken aus meiner Zeit als Kommandeur des Provincial Reconstruction Team FEYZABAD,* Berlin 2010.

Rainer Buske, *KUNDUZ. Ein Erlebnisbericht über einen militärischen Einsatz der Bundeswehr in AFGHANISTAN im Jahre 2008,* Berlin ²2016.

Marcel Bohnert, Andy Neumann, *German Mechanized Infantry on Combat Operations in Afghanistan,* Berlin 2017.

Militär, Politik und Gesellschaft

Uwe Hartmann, *Innere Führung. Erfolge und Defizite der Führungsphilosophie für die Bundeswehr,* Berlin 2007

Hans-Christian Beck, Christian Singer (Hrsg.), *Entscheiden – Führen – Verantworten. Soldatsein im 21. Jahrhundert,* Berlin 2011.

Reiner Pommerin (ed.), *Clausewitz goes global. Carl von Clausewitz in the 21st Century, Berlin 2011.*

Wolf Graf von Baudissin, *Grundwert Frieden in Politik – Strategie – Führung von Streitkräften,* hrsg. von Claus von Rosen, Berlin 2014.

Wolf Graf von Baudissin, *Der Widerstand. „… um nie wieder in die auswegslose Lage zu geraten…“,* hrsg. von Claus von Rosen hrsg. von Claus von Rosen, Berlin 2014.

Marcel Bohnert, Lukas J. Reitstetter (Hrsg.), *Armee im Aufbruch. Zur Gedankenwelt junger Offiziere in den Kampftruppen der Bundeswehr,* Berlin 2014.

Phil C. Langer, Gerhard Kümmel (Hrsg.), *„Wir sind Bundeswehr.“ Wie viel Vielfalt benötigen/vertragen die Streitkräfte?,* Berlin 2015.

Alois Bach, Walter Sauer (Hrsg.), *Schützen.Retten.Kämpfen. Dienen für Deutschland,* Berlin 2016.

Marcel Bohnert, Björn Schreiber (Hrsg.), *Die unsichtbaren Veteranen. Kriegsheimkehrer in der deutschen Gesellschaft,* Berlin 2016.

Donald Abenheim and Carolyn Halladay, *Soldiers, War, Knowledge and Citizenship: German-American Essays on Civil-Military Relations,* Berlin 2017.

Dirk Freudenberg, *Theorie des Irregulären. Erscheinungen und Abgrenzungen von Partisanen, Guerillas und Terroristen im Modernen Kleinkrieg sowie Entwicklungstendenzen der Reaktion, 3 Bde.,* Berlin 2018.

Markus Reisner, *Robotic Wars – Legitimatorische Grundlagen und Grenzen des Einsatzes von Military Unmanned Systems in modernen Konfliktszenarien,* Berlin 2018.

Angelika Dörfler-Dierken (Hrsg.), *Hinschauen! Geschlecht, Rechtspopulisums, Rituale: Systemische Probleme oder individuelles Fehlerverhalten?,* Berlin 2019.

Wolfgang Peischel (Hrsg.): *Wiener Strategie-Konferenz 2019 – Strategie neu denken, Reihe: Wiener Strategie-Konferenz, Bd. 4,* Berlin 2021.

Jahrbuch Innere Führung (seit 2009)

Uwe Hartmann, Claus von Rosen (Hrsg.), *Jahrbuch Innere Führung 2015. Neue Denkwege angesichts der Gleichzeitigkeit unterschiedlicher Krisen, Konflikte und Kriege,* Berlin 2015.

Uwe Hartmann, Claus von Rosen (Hrsg.), *Jahrbuch Innere Führung 2016. Innere Führung als kritische Instanz,* Berlin 2016.

Uwe Hartmann, Claus von Rosen (Hrsg.), *Jahrbuch Innere Führung 2017. Die Wiederkehr der Verteidigung in Europa und die Zukunft der Bundeswehr,* Berlin 2017.

Uwe Hartmann, Claus von Rosen (Hrsg.), *Jahrbuch Innere Führung 2018. Innere Führung zwischen Aufbruch, Abbau und Abschaffung: Neues denken, Mitgestaltung fördern, Alternativen wagen,* Berlin 2018.

Uwe Hartmann, Claus von Rosen (Hrsg.), *Jahrbuch Innere Führung 2019. Bundeswehr im Aufbruch. Hindernisse von den verteidigungspolitischen Vorstellungen der AFD bis zu den sicherheitspolitischen Meinungen in der Zivilgesellschaft,* Berlin 2019.

Uwe Hartmann, Reinhold Janke, Claus von Rosen (Hrsg.), *Jahrbuch Innere Führung 2020. Zur Weiterentwicklung der Inneren Führung: Themen und Inhalte,* Berlin 2020.

Standpunkte und Orientierungen

Daniel Giese, *Militärische Führung im Internetzeitalter,* Berlin 2014.

Dirk Freudenberg, *Auftragstaktik und Innere Führung. Feststellungen und Anmerkungen zur Frage nach Bedeutung und Verhältnis des inneren Gefüges und der Auftragstaktik unter den Bedingungen des Einsatzes der Deutschen Bundeswehr,* Berlin 2014.

Hartwig von Schubert, *Integrative Militärethik. Ethische Urteilsbildung in der militärischen Führung,* Berlin 2015.

Uwe Hartmann, *Hybrider Krieg als neue Bedrohung von Freiheit und Frieden. Zur Relevanz der Inneren Führung in Politik, Gesellschaft und Streitkräften,* Berlin 2015.

Klaus Beckmann, *Treue.Bürgermut.Ungehorsam. Anstöße zur Führungskultur und zum beruflichen Selbstverständnis in der Bundeswehr,* Berlin 2015.

Florian Beerenkämper, Marcel Bohnert, Anja Buresch, Sandra Matuszewski, *Der innerafghanische Friedens- und Aussöhnungsprozess,* Berlin 2016.

Martin Sebaldt, *Nicht abwehrbereit. Die Kardinalprobleme der deutschen Streitkräfte, der Offenbarungseid des Weißbuchs und die Wege aus der Gefahr,* Berlin 2017.

Christian J. Grothaus, *Der „hybride Krieg" vor dem Hintergrund der kollektiven Gedächtnisse Estlands, Lettlands und Litauens,* Berlin 2017.

Uwe Hartmann, *Der gute Soldat. Politische Kultur und soldatisches Selbstverständnis heute,* Berlin 2018.

Christian Bauer, Marcel Bohnert, Jan Pahl, *Vitalis Innere Führung! Zum Status Quo der Führungskultur in den deutschen Streitkräften,* Berlin 2018.

Helmut Jermer, *Innere Führung kompakt. Eine Zusammenschau als Lehr- und Lernhilfe,* Berlin 2019.

Martin Sebaldt, *Das Elend der Strategen. Warum die deutsche Militärpolitik versagt,* Berlin 2020.

Schriften zur Geschichte der Deutschen Luftwaffe

Eberhard Birk, Heiner Möllers, Wolfgang Schmidt (Hrsg.), *Die Luftwaffe zwischen Politik und Technik, Bd. 2,* Berlin 2012.

Eberhard Birk, Heiner Möllers (Hrsg.), *Luftwaffe und Luftkrieg, Bd. 3,* Berlin 2012.

Claas Siano, *Die Luftwaffe und der Starfighter. Rüstung im Spannungsfeld von Politik, Wirtschaft und Militär, Bd. 4,* Berlin 2016.

Eberhard Birk, Peter Andreas Popp (Hrsg.), *Luftwaffenoffizier 21 – Das Selbstverständnis der Luftwaffenoffiziere des 21. Jahrhunderts, Bd. 5,* Berlin 2016.

Eberhard Birk, Heiner Möllers (Hrsg.), *Luftwaffe und Luftverteidigung, Bd. 6,* Berlin 2017.

Dirk Schreiber, *Die Luftwaffe und ihre Doktrin. Einsatzkonzeptionen bis 1971, Bd. 7,* Berlin 2018.

Hans-Werner Ahrens, *Die Transportflieger der Luftwaffe 1956 bis 1971. Konzeption – Aufbau – Einsatz, Bd. 8,* Berlin 2019.

Hans-Werner Ahrens, *Die Rettungsflieger der Luftwaffe 1956 bis 1971. Konzeption – Aufbau – Einsatz, Bd. 9,* Berlin 2019.

Eberhard Birk, Heiner Möllers (Hrsg.), *Die Luftwaffe und ihre Traditionen, Bd. 10,* Berlin 2019.

Monterey Studies

Uwe Hartmann, *Carl von Clausewitz and the Making of Modern Strategy*, Potsdam 2002.

Frank Hagemann, *Strategy Making in the European Union,* Berlin 2010.

Ralf Hammerstein, *Deliberalization in Jordan: the Roles of Islamists and U.S.-EU Assistance in stalled Democratization,* Berlin 2011.

Jochen Wittmann, *Auftragstaktik,* Berlin 2012.

Michael Hanisch, *On German Foreign und Security Policy. Determinants of German Military Engagement in Africa since 2011,* Berlin 2015.

Grégoire Monnet, *The Evolution of Strategic Thought Since September 11, 2001,* Berlin 2016.

Stefan Klein, *America First? Isolationism in U.S. Foreign Policy from the 19th to the 21st Century,* Berlin 2017.

Torsten Gojowsky, Sebastian Kögler, *Building Special Operations Relationships with Fragile Partners. Best practices from Iraq, Syria, and Afghanistan,* Berlin 2019.

Darell Moyers, *Frontline Leadership – Leadership Advice for USAF Junior Officers, Mid-Grade Officers & NCOs,* Berlin 2020.

Offiziersbibliothek

Band I: Uwe Hartmann, *Deutschland,* Berlin 2020.